LA VÉRITÉ

SUR

LES AFFAIRES D'HAÏTI;

Par M. Lemaugan.

PUBLIÉE

PAR

LE COMITÉ DES ANCIENS PROPRIÉTAIRES DE SAINT-DOMINGUE.

En sommes-nous encore là de supposer que l'État s'enrichit de ce qu'il fait perdre à des particuliers.

Discours de M. LAFFITTE, *dans la séance du* 11 *février* 1833.

PARIS,
IMPRIMERIE DE CARPENTIER-MÉRICOURT,
RUE TRAÎNÉE, N° 15, PRÈS ST-EUSTACHE.

1833.

La Vérité

SUR

LES AFFAIRES D'HAÏTI.

Chaque année les pétitions des Colons, anciens propriétaires à Saint-Domingue, amènent les Chambres à s'occuper de l'affaire d'Haïti. Les débats laissent cependant toujours le public et les Colons dans la même incertitude sur l'état des relations de la France avec cette république, et ils ne reçoivent jamais que des renseignemens vagues et contradictoires.

Je vais essayer de jeter quelque jour sur cette affaire.

Tout le monde connait la condition pécuniaire insérée dans l'ordonnance qui a définitivement émancipé notre ancienne Colonie. La somme de 150 millions, stipulée dans cette ordonnance, n'était pas le prix de l'émancipation, mais la représentation du 10e de la valeur donnée à des biens dont on expropriait des Français en faveur du peuple d'Haïti.

Ce n'était pas non plus une exigence trop forte que la demande de payer 150 millions par cinquième, en cinq ans, à une époque surtout où tous les gouvernemens, les nouveaux comme les anciens, trouvaient à emprunter si facilement. Aussi dès que l'obligation contractée par Haïti fut connue en Europe, l'on vit se former plusieurs compagnies à Paris même, pour fournir ce nouvel emprunt, et une compagnie moitié française, moitié anglaise, offrit entre autres, avec beaucoup d'instance, de prêter tout d'un coup les 150 millions. Mais les Commissaires Haïtiens, heureusement pour ces prêteurs aventureux, réduisirent leur demande à 30 millions; et une compagnie, ayant M. Laffitte en tête, qui voulait aussi prêter les 150 millions, vint enchérir sur les offres faites par les autres, et fut déclarée adjudicataire de l'emprunt de 30 millions.

Quand l'échéance du premier cinquième de l'indemnité arriva, la République d'Haïti paya ce premier cinquième; 1° avec 24 millions fournis par les contractans de l'emprunt; 2° avec 5 millions 300 mille francs qu'elle envoya directement; elle doit encore aujourd'hui 700 mille francs sur ce premier cinquième.

Depuis cette époque, elle n'a plus rien envoyé du tout à la France, et n'a payé que fort peu de chose aux porteurs de ses obligations pour l'emprunt.

Je dois dire cependant, qu'au mois de décembre 1826, au lieu de verser les 30 millions du second cinquième, elle a fait déposer à la Caisse des dépôts et consignations, un bon représentant la somme due; il est ainsi conçu:

« Nous, J. G. Imbert, Secrétaire-d'État au département des finances, en vertu des ordres du Président d'Haïti, et en conformité des arrangemens stipulés dans la lettre du Président du Conseil de S. M. T. C., sous la date du 17 septembre 1825.

» Reconnaissons et déclarons que la République d'Haïti doit à la Caisse des dépôts et consignations de France, la somme de 30 millions de francs, pour valeur à échoir le 31 décembre courant, du deuxième terme de

» l'indemnité mentionnée dans l'ordonnance du 17 avril » 1825. En foi de quoi nous avons signé et revêtu de » notre cachet la présente obligation, qui sera déposée » à la Caisse jusqu'à parfait paiement.

» Fait au Port-au-Prince, le 19 décembre 1826.

» Signé J. G. Imbert. »

Cette pièce est encore déposée à la Caisse des dépôts et consignations, au lieu des 30 millions écus que Haïti aurait dû y verser. Il serait assez difficile de se rendre compte du motif qui a pu faire admettre une pareille reconnaissance, au lieu de la somme effective; car la signature de M. J. G. Imbert, revêtue même de son cachet, ne nous donnait pas une grande garantie de plus, et l'on comprend encore moins comment le Gouvernement a pu se trouver satisfait par ce simulacre de libération.

Tout porte à croire que le Ministre des finances, qui était alors M. de Villèle, en admettant ce bon à la Caisse des dépôts et consignations, a voulu donner quelques délais à Haïti; et comme la liquidation des Colons n'était pas assez avancée pour qu'on eût pu employer les 30 millions du second cinquième, s'ils avaient été versés au Trésor, l'avantage qu'il faisait à la République, en la laissant jouir de quelques délais, était un acte de bienveillance qui ne portait préjudice à personne.

La République, malgré toute cette condescendance, ne se montra pas plus empressée à satisfaire à ses engagemens, et au mois de septembre 1827 le Consul-Général de France, au Port-au-Prince, fut chargé d'exprimer au Gouvernement d'Haïti, le mécontentement que causait son peu d'empressement à satisfaire à ses obligations, et de lui faire observer, que le délai que le roi avait bien voulu accorder pour le paiement du second cinquième de l'indemnité, durait depuis sept mois, et que la France attendait encore les premiers résultats des efforts que le Gouvernement Haïtien avait promis de faire pour s'acquitter.

A la même époque, la Compagnie de l'emprunt, fatiguée aussi des retards que la République mettait à remplir ses obligations envers elle, envoya un fondé de pouvoir au Port-au-Prince; et le Président, pressé alors par le Consul et par l'envoyé de la Compagnie, se décida, à la fin de 1827, à charger M. Laffitte banquier de la République à Paris, de faire la demande de délais nouveaux pour le paiement de l'indemnité.

Dès le mois de janvier 1828, ce négociateur fit, au Gouvernement du roi, des propositions pour obtenir les délais réclamés, et faciliter la délibération de la République. Il offrit, 1° de confondre tout ce que ce Gouvernement devait, tant pour l'indemnité que pour l'emprunt, de n'en faire qu'une seule et même dette envers la France.

2° De déposer au Trésor de France, pour se libérer du tout, trente-cinq annuités de 6 millions 500 mille francs chacune, tant pour l'intérêt que pour l'amortissement des capitaux; et la France alors devenait chargée du service et du remboursement de l'emprunt.

Cette négociation traîna en longueur. Cependant, sur la proposition du Ministre des finances, le roi nomma une Commission pour examiner la proposition faite au nom de la République. Cette commission, présidée par M. Roy, ministre des finances, et composée de MM. le duc de Levis, vicomte Lainé, baron Portal, pair de France, Benjamin-Delessert, Berbis et Lastour, députés, examina avec une grande attention la réclamation de la République ; elle voulut même entendre le banquier d'Haïti, qui réitéra ses propositions dans les termes suivans :

« Haïti soldera dans le terme d'une année, en capital » et intérêts, les avances faites ou garanties par le Gou- » vernement français, tant pour le service de l'emprunt, » que pour solder le premier cinquième.

» Trois millions 600 mille francs de rentes 3 p. 0/0, » seraient fournies au pair par la France, pour solder les » 120 millions, montant des quatre derniers cinquièmes » de l'indemnité.

» Haïti voulant se libérer de l'emprunt avant d'entrer » en paiement de l'indemnité, les 6 millions 500 mille » francs seraient appliqués d'abord au rachat des 27 » millions des obligations qui restent à rembourser, de » manière que la jouissance des rentes qui seraient four- » nies, se trouverait reculée, pour les Colons, de trois » ou quatre ans. »

L'on voit que le but de l'arrangement proposé était de mettre au compte de la France, toutes les sommes avancées à Haïti par les contractans de l'emprunt, pour le service des intérêts ; de les autoriser en outre, à se faire payer, par privilége et préférence, sur les annuités fournies par Haïti, du capital avancé par eux.

Cette négociation aurait eu, en effet, pour résultat, de faire rembourser, dans l'espace de quatre ans, aux créanciers de l'emprunt, les 27 millions qui leur étaient dus par Haïti, et qui, d'après les stipulations du contrat, ne devaient leur être remboursés que dans l'espace de vingt-cinq ans. Tout était donc combiné, dès cette époque, pour amener le Gouvernement à sacrifier les Colons et les intérêts du Trésor, pour venir au secours de l'emprunt.

Le banquier d'Haïti joignait à sa proposition un autre plan de finances qui devait assurer l'exécution du traité nouveau. Ce plan consistait principalement à faire créer par la France 4 millions 600 mille francs de rente 3 p. o/o, qui seraient donnés en paiement aux Colons et aux porteurs des obligations de l'emprunt, avec un amortissement considérable pour éteindre la dette en 35 ans. Le négociateur d'Haïti ajoutait même, qu'il était d'accord sur tous les points avec le Ministre des finances, et que la demande d'un crédit en rentes, était la première loi que ce Ministre devait présenter aux Chambres, s'il fût resté en place.

La Commission n'eut pas de peine à reconnaître que toute cette négociation était entreprise pour tirer les contractans de l'emprunt du mauvais pas où ils s'étaient mis par leur spéculation hasardée. Personne ne comprenait cependant comment on pouvait établir que les avances faites à Haïti, pour le service de son emprunt, et pour le paiement du premier cinquième, l'avaient été pour le compte du Trésor, et sous la garantie du Gouvernement.

L'opération de l'emprunt était encore trop récente pour qu'on eût oublié, que dans le moment où les Commissaires Haïtiens se rendirent à Paris pour le réaliser, trois Compagnies se formèrent pour le soumissionner; qu'il y eut une grande concurrence : mais que les Commissaires ayant fixé leur maximum à 90 francs, et les offres ne s'étant élevées qu'à 76 francs, l'emprunt ne fut pas adjugé; qu'une Compagnie particulière, qui n'avait pas soumissionné d'abord, vint s'offrir et se chargea de l'emprunt à 80 francs; c'est-à-dire à 800 francs par annuité de 1,000 francs, que peu de jours après, les annuités d'Haïti furent cotées à 840 francs sur les bulletins de la Bourse ; que la Compagnie en vendit pour 6 millions ; et réalisa par conséquent un bénéfice de quelques cent mille francs ; qu'elle aurait pu vendre tout l'emprunt à ce taux, si elle eût répondu aux demandes qui lui étaient faites, mais qu'elle arrêta les ventes, dans l'espérance qu'elle ferait plus tard un bénéfice plus considérable ; qu'elle fut trompée dans son attente, par des événemens imprévus, qui firent baisser, à cette époque, tous les effets publics sur les différentes places de l'Europe ; et que c'est à cette circonstance qu'on peut attribuer la première baisse des effets d'Haïti, dont le cours ne s'est jamais relevé ; et qu'enfin, si la compagnie se trouvait autant en perte, elle devait l'attribuer un peu à son ambition, et à ce qu'elle n'avait pas voulu se contenter d'un bénéfice raisonnable.

Il était difficile, en effet, en résumant ces antécédens, de comprendre comment les adjudicataires de l'emprunt pouvaient prétendre que la France était obligée directement ou indirectement dans cette opération.

La Commission ne s'en livra pas moins, dans un grand nombre de séances, à l'examen des propositions faites par le Négociateur d'Haïti, et à celui de toutes les questions dont elles devaient amener la discussion.

La première question à examiner devait être naturellement celle des avances qu'on disait avoir été faites pour le compte de la France au Gouvernement d'Haïti, pour le service de son emprunt, et celle de la garantie promise aux prêteurs.

Le Ministre des finances, qui était alors M. Roy, avait rejeté, avec son austère sévérité, cette singulière prétention du Négociateur d'Haïti.

Cependant, le 10 juin 1828, le banquier d'Haïti fit

connaître à ce ministre, qu'il venait de lui être fait par Haïti, un envoi qui montait à environ un million; et que des ordres lui avaient été donnés de prélever sur cette somme celle de 828,000 francs, pour payer le semestre qui devait échoir le 30 du même mois.

Qu'il n'oubliait pas *la condition* de la garantie donnée par l'État, et l'obligation à laquelle il *s'était soumis*, mais qu'il ne pouvait agir ici qu'en qualité de mandataire d'Haïti, ni se soustraire aux ordres qui lui étaient donnés.

Il demandait en conséquence des instructions au Ministre à cet égard.

Le Ministre lui répondit qu'il avait toujours pensé que l'emprunt avait été fait par Haïti, que les adjudicataires avaient agi pour leur compte personnel, que l'État n'y était intéressé que pour en recevoir le montant en acquittement de la dette de la République pour l'indemnité; qu'il n'avait pas à intervenir dans les arrangemens des contractans de l'emprunt, soit avec Haïti, soit avec les porteurs des obligations dont l'emprunt se composait.

Le Ministre ajoutait dans son rapport, qu'il avait bien entendu parler dans ces derniers temps (en 1828) et par le banquier d'Haïti lui-même, d'une garantie qui aurait été donnée par son prédécesseur, aux contractans de l'emprunt, pour les rembourser de deux séries de cet emprunt, et des arrérages de trois semestres, dont le dernier était échu le 1er janvier 1828; mais que quelles qu'aient été les recherches qu'il avait fait faire au ministère des finances, on n'y avait rien trouvé qui pût l'autoriser à donner une garantie de la nature de celle dont parlait le banquier de la République.

La négociation se suivait assez activement, quand M. Saint-Macary, envoyé d'Haïti, arriva à Paris, au mois d'octobre 1828. On devait croire qu'il venait pour appuyer les propositions faites au nom de son Gouvernement par son banquier; et l'on fut fort étonné de voir au contraire cet agent le désavouer en quelque sorte, rejeter les bases de la négociation entamée, changer toutes les propositions faites, et proposer une négociation sur des bases toutes nouvelles.

L'on ne fut pas moins surpris de voir aussi le banquier d'Haïti, changer complètement ses premières offres de 6 millions 500 mille francs d'annuités pendant trente-cinq ans, les réduire à un capital de 60 millions au lieu de 120, et ajouter à cette offre des conditions moins acceptables les unes que les autres.

Je crois inutile d'entrer ici dans d'autres détails, il me suffira de dire que toutes les propositions de l'envoyé d'Haïti, comme toutes celles du banquier de la République, furent rejetées; que ce rejet a eu lieu après une discussion qu'on peut bien considérer comme ayant été contradictoire, et que le Gouvernement français, pour mettre un terme à toutes les tergiversations de la République, et aux prétentions des contractans de l'emprunt, décida qu'il enverrait son *ultimatum* directement au Port-au-Prince.

Mais il importe de dire cependant qu'à l'occasion de la demande faite par le banquier d'Haïti, de confondre l'indemnité et l'emprunt, pour n'en faire qu'une seule et même dette, il fut reconnu que la France n'avait à se mêler en rien de l'emprunt fait par la République.

Que cet emprunt était une spéculation particulière: qu'il avait été adjugé publiquement et avec concurrence par Haïti, aux risques et périls des prêteurs, et que le Gouvernement ne pouvait, sans se rendre responsable.

s'immiscer dans le règlement de cette affaire. Que cette dette n'ayant pas été contractée par Haïti envers la France, ni pour son compte, il ne pourrait en être question dans le nouveau traité de finances que la France consentait à négocier avec la République, pour faciliter sa libération des quatre derniers cinquièmes qu'elle devait encore pour l'indemnité. En conséquence, la Commission et le Ministre des finances recommandèrent de donner surtout pour instruction aux négociateurs, de s'abstenir de rien changer aux conditions de cet emprunt, qui devait rester étranger à la France.

Quant aux 120 millions 700 mille francs encore dus pour l'indemnité, la Commission et le Gouvernement reconnurent l'impossibilité où était la République, depuis que la voie des emprunts lui était à peu près fermée, de les solder par quart dans les termes fixés par l'ordonnance d'émancipation, et on s'arrêta à l'idée de prendre pour base des demandes à faire à la République, les 6 millions 500 mille francs offerts annuellement par elle tout récemment, comme étant dans la limite des ressources dont elle pouvait disposer sans nuire à la marche de son gouvernement et de son administration intérieure.

On décida enfin, qu'au lieu de payer en quatre ans, elle serait admise à se libérer avec des annuités de 3 millions 600 mille francs chacune, représentant les intérêts du capital de 120 millions, à 3 p. o/o, avec un million 200 mille francs d'amortissement. On laissait ainsi à ce Gouvernement le surplus des 6 millions 500 mille francs qu'il avait offert de payer annuellement, pour en disposer avec ses autres ressources, comme il l'entendrait, pour le service de son emprunt.

Comme ces conditions changeaient encore toute la position des Colons, qu'elles étaient en quelque sorte une atteinte portée de nouveau à leurs droits, puisque le Gouvernement réglait les paiemens qu'il avait à leur faire sur ceux que Haïti faisait à la France, la Commission reconnut la justice de la demande des Colons, pour obtenir la garantie; celle-ci était même dans la pensée du Ministère: mais l'exécution en fut ajournée après la signature du traité qu'on envoyait conclure à Saint-Domingue.

M. Mollien, Consul-Général de France à Haïti, fut chargé de porter les propositions arrêtées par le Gouvernement, et de les donner comme *ultimatum* de la France: il s'embarqua à Brest, avec M. Saint-Macary, au mois de janvier 1829.

Le Président d'Haïti fit quelques difficultés d'admettre ces nouvelles propositions, il tenait toujours à ce que la France se chargeât du service de son emprunt, comme le banquier de la République l'avait proposé; il voulait encore confondre ce qu'il devait pour l'emprunt, avec ce qu'il devait pour l'indemnité, et n'en faire qu'une seule dette envers la France; mais les conséquences de cet amalgame avaient été trop bien senties en France, pour qu'on pût y consentir, et le Président lui-même reconnut que cette proposition était inadmissible, et il s'en désista. En conséquence, un traité conclu sur les bases envoyées par M. de la Ferronnais, fut signé par M. Mollien, pour la France, et par tous les membres du Gouvernement d'Haïti. Ce traité fut ratifié par le Président, au mois d'avril 1829, et envoyé aussitôt au Ministre des affaires étrangères, pour être présenté à la ratification du roi.

Il est donc bien constant que le Gouvernement, après une délibération très approfondie, avait rejeté les prétentions des contractans de l'emprunt, et que c'était même pour se débarrasser de toute importunité à cet égard, qu'il avait envoyé conclure le traité au Port-au-Prince, au lieu de le finir à Paris. Il n'est pas moins constant que le Président de la République avait lui-même renoncé aussi à l'idée de faire comprendre son emprunt dans le nouveau traité de finances qu'il allait conclure avec la France, et qu'il avait reconnu qu'on ne devait parler dans ce traité, que de ce qui était relatif au paiement des quatre cinquièmes encore dus pour l'indemnité.

Ainsi, il est vrai de dire que cette question était jugée et bien décidée; et le traité du mois d'avril 1829, déjà ratifié par le Président, et donné par la France comme son *ultimatum*, était donc le contrat nouveau qui réglait définitivement pour l'avenir, la dette d'Haïti envers la France.

Cependant, le discours de la Couronne, à l'ouverture de la session des Chambres, en 1831, fit connaître qu'il avait été fait, cette année, deux traités nouveaux avec la République d'Haïti, et annonça qu'ils seraient mis sous les yeux des Chambres, dès que la ratification qu'on attendait serait arrivée.

Mais, au lieu de recevoir cette ratification, les journaux du Port-au-Prince firent bientôt savoir que le Président Boyer avait refusé avec éclat, de ratifier les deux traités signés par M. Saint-Macary, au nom de la République, l'un relatif à la dette d'Haïti, l'autre relatif au commerce et à la navigation. L'on a même vu dans les journaux du Port-au-Prince, une proclamation du Président de la République, en date du 12 juin 1831, dans laquelle il blâme M. Saint-Macary de s'être permis de négocier ces deux traités, à l'insu de son Gouvernement. Il déclare qu'il ne lui avait donné aucun pouvoir pour se livrer à cette négociation ; qu'il l'avait envoyé en France, en 1830, pour s'entendre avec le Gouvernement français sur quelques difficultés concernant le dernier traité, et demander des avantages relatifs à l'introduction des denrées qui seraient expédiées pour la libération d'Haïti.

Il dit en outre dans cette proclamation, que « son » Envoyé avait ordre de ne rester qu'un mois à Paris, » que contrairement à cet ordre, il y est resté plus d'une » année; qu'il a pris sur lui d'outrepasser sa mission, et » cela pour rapporter deux traités contenant des con- » ditions auxquelles il n'était pas autorisé à souscrire. »

Les personnes qui ne connaissent pas les intérêts divers qui sont venus se croiser dans cette affaire, ne peuvent comprendre comment la France, qui avait envoyé au Président de la République, en 1829, un *ultimatum*, que les membres du Gouvernement haïtien avaient tous signé, et que le Président avait ratifié, a pu oublier les engagemens qu'elle avait contractés en quelque sorte par l'envoi de cet *ultimatum*, et négocier, en 1830, sur les mêmes questions, des traités nouveaux que la République ne demandait pas.

Il est difficile d'expliquer comment la France, dont tous les intérêts de finances étaient réglés avec Haïti par le traité de 1829, et quand toutes les difficultés étaient aplanies par ce traité, qu'elle-même avait dicté, a pu consentir à ce qu'on remît tout en question par une négociation que le Président désavoue, qui compromet les intérêts de la France, et qui ruinerait les Colons qu'on abandonne à Haïti.

Chacun se demande où peuvent être ici la raison d'État, et le but politique de cette étrange négociation.

J'ai déjà fait connaître qu'en 1828, le banquier de la République avait été chargé par le Président, d'obtenir de nouveaux délais pour le paiement de l'indemnité; qu'une négociation avait été entamée à ce sujet; qu'il avait proposé de laisser à la charge de la France le paiement et le service de l'emprunt, comme celui de l'indemnité, en remettant pour s'acquitter de tout, 35 annuités de 6 millions 500 mille francs chacune. Qu'il avait été jusqu'à soutenir que les sommes avancées à la République, avaient été avancées pour le compte du Trésor de France, et sous la garantie du Gouvernement. Que toutes ces propositions et toutes ces prétentions avaient été rejetées sous le ministère de M. Roy et de M. de la Ferronnais; et que ce rejet avait été suivi du traité du mois d'avril 1829.

Quand la révolution de juillet arriva, ce traité souscrit par le Consul de France et par le Gouvernement d'Haïti, était dans les cartons des affaires étrangères, attendant la ratification du roi, qu'un incident que je ferai connaître avait malheureusement retardée.

Cette révolution vint changer les personnes et les choses: quelques intéressés dans l'emprunt, reprirent alors l'espoir de faire entamer une négociation nouvelle, et de faire admettre, par un nouveau traité, les propositions que la République avait fait faire en 1828, pour son emprunt; ils furent fortifiés dans cette espérance par certaines circonstances, et l'on apprit bientôt en effet qu'une autre négociation était entamée avec l'envoyé d'Haïti.

Dans cette nouvelle négociation, on mit dans l'oubli toutes les conventions précédentes, et surtout le traité de 1829, qui avait écarté toutes les prétentions des contractans de l'emprunt, pour les remplacer par le traité du 2 avril 1831, qui les a toutes admises.

Ce n'était pas assez; il fallait, par ces concessions faites à Haïti, rendre facile l'exécution d'un traité qui, cette fois, n'avait pas pour but l'intérêt politique et commercial de la France, mais seulement de faire payer l'emprunt, et les avances faites à la République par des spéculateurs imprudens; et c'est sur les Colons que l'on a fait tomber toute la charge du nouveau traité et des faveurs qu'on accorde à Haïti: et s'il est vrai de dire que, dans cette circonstance, les Colons sont fort maltraités, on doit convenir aussi que le Trésor public de France n'est pas lui-même plus ménagé.

Je m'abstiendrai de donner le texte du traité de 1831, qui, du reste, a été publié au Port-au-Prince: je vais seulement en indiquer ici la substance.

Dans ce traité, l'on admet d'abord, comme le banquier d'Haïti le proposait en 1828, au nombre des sommes dues à la France par Haïti, tout ce qu'elle doit aux contractans de l'emprunt, et cela se monte à 33 millions 390 mille francs.

On admet également comme dette d'Haïti envers le Trésor de France, les 4 millions 848 mille francs qui ont été avancés par les contractans de l'emprunt à la République, pour le service des intérêts.

Enfin, on admet comme dette d'Haïti envers la France, les 120 millions 700 mille francs qui sont encore dus pour les quatre cinquièmes de l'indemnité.

De sorte que la France, qui n'était créancière d'Haïti que de 120 millions 700 mille francs, deviendrait créancière de 158 millions 895 mille francs, et prendrait ainsi la place de messieurs les adjudicataires, qui ne seraient plus créanciers d'Haïti ; et les charges de l'emprunt resteraient à la France, comme la chose est facile à démontrer.

Pour s'acquitter de toutes ces dettes, Haïti paierait 4 millions chaque année, jusqu'à extinction des capitaux, sans intérêts.

Le Trésor commencerait par prélever, par préférence et privilége, 2 millions chaque année, pour se couvrir des 4 millions 848 mille francs, avec les intérêts à 3 pour 0/0 avancés par lui, est-il dit hardiment dans le traité, pour le service de l'emprunt.

L'on capitalise ensuite ce qui est dû à l'emprunt, pour les intérêts arriérés, jusqu'au mois de décembre 1831, ce qui, avec le capital primitif, forme la somme de 33 millions 390 mille francs.

Pour solder cette somme, le traité autorise le banquier d'Haïti à prélever, après le Trésor, sur l'annuité de 4 millions que doit payer la République, et ce aussi par privilége et préférence sur les Colons, 2 millions à commencer de juin 1832, jusqu'à extinction de la dette.

Enfin arriverait le tour des Colons, qui commenceraient trois ans après la ratification du traité, et quand le Trésor serait soldé, à recevoir 2 millions seulement sur les quatre que paierait Haïti, tant que les créanciers de l'emprunt ne seront pas remboursés ; et s'il arrivait que la République fût en retard de payer tout ou partie de son annuité de 4 millions, ce retard ou ce déficit porterait nécessairement toujours sur les 2 millions réservés aux Colons ; Messieurs de l'emprunt ayant un privilége sur eux, et se trouvant, comme on le voit, la partie principale et intéressante du traité.

Quant aux intérêts qui étaient stipulés dans le traité

de 1829, il faut y renoncer : on en fait très gracieusement la remise à la République, qui avait consenti à les payer, et qui ne demandait pas la faveur qu'on lui fait.

Quand on lit cet étrange traité, on se demande comment on a pu oublier aussi complètement tous les antécédens et le traité de 1829.

Comment on a pu consentir à remplacer un traité provoqué et dicté, en quelque sorte, par la France et accepté par la République, par un traité plus désavantageux, que Haïti ne demandait pas et qu'elle ne veut pas même encore recevoir.

Comment il se fait surtout qu'on ait renoncé, dans ce traité nouveau, aux intérêts des 120 millions que Haïti avait consenti à payer, quand elle ne demandait pas qu'on lui fît cette remise.

Comment enfin on a pu consentir à entamer une négociation et à souscrire deux traités avec un Haïtien qui n'avait pas de pouvoirs, et dont la mission, d'après ce qu'a publié le chef de son gouvernement, se bornait à faire interpréter certain article du traité de 1829, et à obtenir quelques remises de droits pour les denrées que la République devait envoyer en paiement.

On conçoit que le Président ait pris de l'humeur en voyant son agent revenir, après un an d'absence, chargé de deux traités auxquels il ne s'attendait pas, et qu'il ait refusé, dans le premier moment, de les ratifier. Ce refus tient pourtant à une autre cause que je ferai connaître. Je vais d'abord analyser ces deux traités.

NÉGOCIATION DE 1830 ET 1831.

Deux traités, comme on l'a vu, ont été souscrits avec l'envoyé d'Haïti, le 2 avril 1831. L'un règle le paiement de la dette de la République, tant envers la France, qu'envers les contractans et les porteurs des obligations de l'emprunt, l'autre est relatif au commerce et à la navigation.

Je ne m'occuperai pas de ce dernier traité, dont il serait d'ailleurs assez difficile d'expliquer l'utilité; car Haïti n'a pas et n'aura pas, de bien des années, une barque à la mer; et notre commerce avec ce pays est dans un tel état de nullité, qu'il ne vaut presque pas la peine qu'on s'en occupe.

Ce traité n'a été, dans le fait, qu'un moyen de faire entamer une nouvelle négociation à l'aide de laquelle on pouvait revenir sur le traité de 1829, qui gênait des intérêts qu'on voulait protéger. Il se compose de 28 articles. Il semblerait qu'on aurait à traiter des intérêts commerciaux et de navigation avec une des grandes puissances maritimes. Je ne parlerai pas autrement de cet acte diplomatique qui serait resté dans tous les cas sans application sous bien des points, s'il eût été ratifié, puisque Haïti a à peine une navigation de cabotage.

Si ce traité de navigation est un acte insignifiant, il n'en est pas de même du traité de finances signé le même jour par les mêmes négociateurs. Celui-ci a des résultats qu'on peut tout de suite apprécier, et il mérite un sérieux examen.

J'ai déjà indiqué le dommage que ferait aux Colons et à la France, le nouveau traité de finances qui a été substitué à celui qui avait été conclu en 1829, sous le ministère de M. de la Ferronnais. Je vais faire connaître à présent comment on est parvenu à anéantir ce traité sans l'aveu du gouvernement d'Haïti, et comment notre gouvernement a été entraîné lui-même dans cette fausse démarche, je suis presque tenté de dire à son insu.

Quand le traité qui avait été conclu par M. Mollien avec le gouvernement d'Haïti, en 1829, fut renvoyé à Paris, pour être présenté à la ratification du Roi, M. de la Ferronnais n'était plus au ministère des affaires étrangères. S'il y fût resté, la ratification ne se serait pas fait attendre; le sort des Colons serait fixé depuis trois ans, et la France n'aurait plus à débattre aujourd'hui avec Haïti que des intérêts généraux comme avec les autres états.

Mais quelques personnes mécontentes du traité qui venait de se conclure, parce que le Gouvernement français n'avait jamais voulu reconnaître la France créancière d'Haïti, des sommes dues à l'emprunt, ni de la somme de 4 millions 848 mille francs avancés à la République pour le service de ses intérêts, cherchèrent, dès cette époque, à empêcher la ratification du traité.

On fit observer à M. de Polignac, qui avait succédé à M. de la Ferronnais, qu'un traité de commerce et de navigation avec la République aurait dû être conclu avant, ou au moins en même temps que le traité de finances; on lui laissa probablement ignorer que ce traité de navigation avait déjà été demandé par Haïti au ministère précédent, qui avait reconnu que le règlement du paiement de l'indemnité devait se traiter avant toute autre affaire, car de cette question dépendent toutes les autres. M. de Polignac se décida à envoyer un négociateur à Haïti (1), où il arriva au mois de mars 1830, pour y proposer ce traité de commerce et de navigation.

On fut fort étonné au Port-au-Prince, quand on apprit que ce négociateur, au lieu de rapporter la ratification du traité de 1829, qu'on attendait, venait entamer une négociation nouvelle; et surtout quand on vit dans le journal du Port-au-Prince du 23 mars, le discours que l'envoyé français prononça à l'audience solennelle que lui donna le Président, et dans lequel, après avoir fait l'éloge de la sagesse du Gouvernement d'Haïti, et surtout de sa fidélité dans l'exécution de ses engagemens, il ne lui disait pas un mot du traité de 1829.

Mais la nouvelle négociation que venait proposer l'envoyé français ne fut pas longue. Le Gouvernement d'Haïti, assez soupçonneux d'ailleurs par caractère, cherchait à s'expliquer comment le Gouvernement français, qui avait refusé quelques mois auparavant, de s'occuper d'un traité de commerce et de navigation que la République demandait, pouvait envoyer un commissaire exprès pour le conclure, quand Haïti ne le demandait plus. De sorte que cette nouvelle négociation s'entama d'assez mauvaise grâce, et fut promptement interrompue par un incident qui brouilla toutes les affaires.

Une discussion qui s'éleva sur la valeur qui serait donnée à la gourde d'Haïti, dans les paiemens que la Répu-

---

(1) M. Pichon.

blique devait faire à la France, donna au Président l'idée de soutenir, que bien qu'il eût promis dans le traité de 1829, comme dans celui de 1825, de payer 150 millions de francs, il pouvait s'acquitter en gourdes d'Haïti, valeur nominale de 5 fr., mais qui perdait 50 pour cent.

Cette discussion devint fort vive; l'humeur vint se mêler à la négociation; l'envoyé français s'embarqua fort mécontent du gouvernement de la République, sans rien finir, et n'ayant à rapporter à M. de Polignac que l'annonce qu'il avait échoué pour le traité de commerce et de navigation; et que le traité du mois d'avril 1829 était lui-même de nouveau mis en question.

Le président Boyer, aussitôt après le départ de l'envoyé français, expédia M. Saint-Macary sur un navire de commerce, avec la mission spéciale de faire interpréter le traité de 1829, en lui donnant l'ordre de ne rester qu'un mois à Paris; mais la révolution de juillet, que certes Haïti n'avait pu prévoir, et les embarras de notre Gouvernement après cette révolution, ne permirent pas de s'occuper de l'affaire de la République. L'envoyé d'Haïti craignait même de ne pouvoir se faire entendre, quand le changement survenu dans le ministère, le 2 novembre 1830, dont M. Laffitte devint président, ranima ses espérances. Ce changement devint très favorable aux contractans de l'emprunt, et bien funeste aux Colons; et l'on peut attribuer principalement à cet évènement, l'embarras actuel de nos relations avec Haïti.

En effet, dès ce moment, la négociation avec l'envoyé d'Haïti prit de l'activité. Et sans parler le moins du monde du traité de 1829, que cet envoyé avait mission de faire interpréter; on l'entraina dans une autre négociation pour laquelle il n'avait, a ce qu'il paraît, aucun pouvoir ; on prit pour motif de cette négociation, la demande qui avait été adressée par Haïti au gouvernement de Charles X, en 1828, demande qui avait été rejetée sous le ministère de M. De la Ferronnais, et à laquelle le Président d'Haïti avait renoncé lui-même en 1829, comme on l'a vu plus haut. L'on mit ainsi au néant, par le fait, la négociation de cette époque, les avis de cette commission composée de Pairs et de Députés, les décisions du conseil des ministres, et le traité du mois d'avril 1829 lui même, qui en était la suite ; et enfin les négociateurs signèrent, le 2 avril 1831, les deux traités que le Président refuse de ratifier.

L'on devait croire, il est vrai, qu'avec les immenses concessions que la France faisait à la République, le chef de ce gouvernement accepterait avec empressement et reconnaissance ce nouveau bienfait; il en fut autrement.

Le Président, avant même que ces traités ne fussent parvenus à notre consul-général, en avait eu connaissance. M. Saint-Macary les lui avait envoyés par la voie de l'Angleterre, et il s'était concerté, d'avance, avec son gouvernement sur l'accueil qu'il devait leur faire.

Dès que M. Mollien, consul-général au Port-au-Prince, eut reçu ces actes, si contraires pourtant à celui qu'il avait signé en 1829, il se hâta de les présenter à la ratification du Président ; mais celui-ci, loin de les accueillir comme on devait le croire, les rejeta, dit-on, avec dédain, et accompagna même, à ce qu'il paraît, son refus de sarcasmes et d'ironies que les membres de son gouvernement se plurent bientôt à publier.

L'altercation entre le consul et le Président dût être vive, car le consul, aussitôt après, annonça son départ, et quitta en effet le Port-au-Prince pour revenir en France, en laissant au consul des Cayes le soin de protéger les intérêts des Français qui restaient dans le pays.

Depuis ce moment, nos relations diplomatiques avec Haïti n'ont plus été qu'indirectes. Le départ du consul français fit craindre au petit nombre de Français qui trafiquent avec Haïti, que leurs relations ne fussent interrompues. Les bruits de guerre se répandirent bientôt dans le pays, et les publications arrogantes du gouvernement d'Haïti étaient bien faites pour les accréditer.

Je ne discuterai pas sur le plus ou moins de gravité des insultes qui peuvent avoir été faites à la France dans cette circonstance; je ne connais pas assez les détails de la scène qui a eu lieu entre le consul et le Président, et le Gouvernement saura sans doute apprécier tous ces faits. Il paraît seulement, d'après ce qui a été dit par M. le ministre de la marine à la Chambre des Députés, dans la séance du 29 février 1832, que les insultes n'ont point été considérées comme tellement graves, qu'on dût cesser immédiatement toutes les relations avec Haïti; car ce ministre a annoncé que le Gouvernement avait envoyé au Président les traités du 2 avril 1831, qu'il avait refusé de ratifier; qu'on lui avait donné un délai pour le faire, et que ce délai était au moment d'expirer.

Il résulterait donc de cette communication, que si la ratification des traités arrivait, toutes les difficultés seraient aplanies; et il ne serait plus à craindre que les insultes amenassent une rupture.

La question ainsi éclaircie, il s'agit à présent de voir de quel intérêt il peut être pour la France, que cette ratification demandée avec tant de persévérance, et même avec menaces, soit donnée. Et si je viens à démontrer que ces traités, si injustes à l'égard des Colons, peuvent avoir les plus graves inconvéniens pour la France, sans lui procurer le moindre avantage, on sera bien étonné de notre insistance pour obtenir la ratification de pareils actes.

Comme Français et comme Colon, j'espère que cette ratification n'aura jamais lieu, et je crois qu'en refusant cette ratification, le Président est dans son droit; et que si ce refus amenait une rupture avec Haïti, les torts, cette fois, seraient de notre côté.

En effet, que s'est-il passé? La France, en 1829, a fait proposer au gouvernement d'Haïti, un projet de traité pour régler le paiement de l'indemnité; elle a même donné ce projet comme son *ultimatum*. Le gouvernement d'Haïti l'a accepté et signé, et le président l'a ratifié.

Ce traité est renvoyé en France, en 1829, pour être soumis à la ratification du Roi; et en 1831, au lieu de renvoyer ce traité ratifié, on négocie à l'insçu du Président, deux autres traités avec un Haïtien sans pouvoir, et qui se porte fort pour son gouvernement; et on veut contraindre le chef de cette République à recevoir ces traités. Cette exigence de la France serait, il faut en convenir, aussi injuste que déraisonnable; et quand on voit que ces traités sont tout-à-fait préjudiciables à la France, l'exigence est bien plus incompréhensible encore.

La France, comme je l'ai déjà fait connaître, et la

chose est incontestable, n'avait d'autre somme à réclamer de la République d'Haïti, que celle de 120 millions 700 mille fr. encore due pour l'indemnité.

Cependant, dans le traité du 2 avril 1831, on énumère de la manière suivante les sommes dont la France deviendrait créancière d'Haïti.

L'article 1er est ainsi conçu :

« La dette d'Haïti envers la France se compose,

» 1° De la somme de 120 millions 700 mille fr. pour
» solde de l'indemnité.

» 2° De la somme de 4 millions 848 mille francs, pour
» les avances faites par le Trésor de France, pour le
» service de l'emprunt !!.

» 3° Enfin des obligations non remboursées de l'em-
» prunt montant à 27 millions 600 mille francs, et des
» intérêts qui sont ou seront dus sur cette somme, de-
» puis le 31 décembre 1828 jusqu'au 31 décembre 1831,
» montant à 5 millions 796 mille francs, ce qui fait, en
» capitalisant toutes ces sommes, 33 millions 396 mille
» francs.

On a peine à comprendre cette hardiesse qui fait reconnaître par la France même, dans un traité, qu'elle est créancière d'une somme de 38 millions 344 mille francs, quand cette somme est due à une compagnie pour un emprunt qui lui a été adjugé à ses risques et périls, publiquement et avec concurrence, par un gouvernement étranger.

Si cette convention diplomatique n'avait pour but que de donner aux contractans et aux porteurs des obligations de l'emprunt, une garantie contre l'infidélité d'Haïti, on ne pourrait qu'y applaudir, car ils ont droit à la protection du gouvernement ; mais quand cette protection va jusqu'à compromettre, de la manière la plus grave, les intérêts du Trésor, et jusqu'à spolier des Français déjà si malheureux, pour protéger des spéculateurs aventureux, cette stipulation est une injustice révoltante.

Il est clair que si ce traité devient définitif, le Gouvernement français aura reconnu que c'est à la France que la République doit les 33 millions 396 mille franc et non aux contractans de l'emprunt, ou aux porteurs de seso bligations.

Il est clair qu'elle reconnaîtrait dès lors en quelque sorte que l'emprunt avait été souscrit pour son compte, et que les banquiers et la compagnie à qui il a été adjugé, n'ont été que les prête-noms ou ses fondés de pouvoirs.

Il est clair que la République serait libérée à l'égard des adjudicataires de son emprunt et des porteurs de ses obligations, et que ceux-ci surtout, auraient le droit de soutenir que la France se reconnaissant créancière d'Haïti pour le capital de l'emprunt, et s'en faisant payer, c'est à elle d'en faire le service puisque la République se trouve dégagée envers eux.

Le Gouvernement assume donc sur lui une responsabilité d'autant plus grande, que tout en faisant, comparativement à l'état actuel des choses, la position dès créanciers, meilleure qu'elle ne l'était, il n'en change pas moins, comme on le verra par le traité, toutes les conditions de l'emprunt. Il s'immisce dans une affaire particulière; il change les stipulations d'un contrat privé sans consulter les parties intéressées. Comment d'ailleurs pourrait-il les consulter? Les coupons de l'emprunt sont disséminés dans des milliers de mains en France, en Angleterre, en Hollande; ce sont des effets négociables qui se déplacent et changent de portefeuilles, comme toutes les valeurs de cette espèce. Et quoique la France, en se déclarant créancière ne s'oblige pas d'une manière explicite à payer les actionnaires et à faire le service de l'emprunt, ils sont fondés à soutenir qu'elle est responsable, puisque sans les consulter, elle a changé les conditions de leur contrat, les époques de remboursement, la quotité des intérêts et l'amortissement.

Les intérêts de la France, comme on le voit, pourraient être gravement compromis par ce traité; il est d'ailleurs libellé de manière à faire naître, de la part même de ceux qui en profiteront, des prétentions tout-à-fait contraires aux intentions qui l'ont dicté.

Voici textuellement ce que porte ce traité à l'article 3 :

« Sur les 4 millions la France consent à ce qu'il soit
» affecté par préférence, au service de l'emprunt, une
» somme de deux millions, qui seront à cet effet versés
» chez les banquiers chargés des affaires de la Républi-
» que à Paris, en deux paiemens égaux de six mois en
» six mois, le premier devant se faire le 30 juin 1832. »

Rien n'indique, comme on le voit, ce que deviennent les autres conditions de l'emprunt. Les intérêts continueront-ils à se payer? Le remboursement annuel par série, aura-t-il toujours lieu? Il n'en est rien dit. On ne sait pas non plus comment se répartiront les 2 millions entre les porteurs d'obligations de l'emprunt. Les convoquera-t-on pour leur soumettre ce concordat? Mais s'ils ne tombent pas d'accord, quelle sera l'autorité qui règlera et jugera leurs différens?

L'affectation de 2 millions pour le service de l'emprunt, est d'ailleurs une énonciation tellement vague, que chacun sera en droit de soutenir que le service de l'emprunt consiste à rembourser par série tous les ans, 1,200 mille francs, et à payer à 6 p. 0/0 les intérêts tels qu'ils ont été convenus, et que les paiemens doivent se faire comme le porte le contrat, d'autant que le traité ne dit pas le contraire.

Chacun sera fondé à dire que les 2 millions prélevés par privilége sur l'annuité de 4 millions que doit payer Haïti, ne sont qu'une facilité de plus que la France a stipulée pour l'exécution de toutes les autres conditions de l'emprunt.

La République d'Haïti, d'un autre côté, ne serait-elle pas fondée à soutenir qu'en payant à la France des annuités dans lesquelles sont compris les 33 millions 396 mille francs pour son emprunt, elle est libérée de toutes les autres charges envers les porteurs de ses obligations? Quel sera le juge encore de ce différend? Le Gouvernement pourra-t-il dire aux Anglais, aux Hollandais et aux Français porteurs des obligations de l'emprunt : J'ai décidé que le contrat passé entre Haïti et vous ne s'exécuterait pas, et que vous seriez remboursés de votre capital en dix-sept ans sans intérêts.

Les gouvernemens étrangers ne peuvent-ils pas intervenir alors en faveur de leurs sujets, pour faire observer à la France que Haïti, comme Etat indépendant, peut bien comme tous les autres Etats, régler ses affaires de finances comme elle l'entend; mais que la France n'a nullement le droit de faire la loi aux créanciers d'Haïti, et qu'elle ne doit pas s'associer au manque de foi de ce gouvernement envers ses créanciers de tous les pays.

La France sera donc dans l'alternative, ou de reconnaître qu'elle est responsable envers les créanciers d'Haïti, pour l'emprunt dont elle a changé toutes les conditions, ou de déclarer qu'en donnant aux créanciers le droit de prendre 33 millions 396 mille francs sur les fonds de l'indemnité, elle n'a entendu changer en rien les conditions de l'emprunt. Cette convention du 2 avril 1831 ressemblerait beaucoup plus alors à une prévarication qu'à un traité.

La chose, comme on le voit, est des plus graves, et l'on a peine à comprendre comment on a pu placer le Gouvernement dans une telle alternative et commettre une pareille imprudence.

Quant aux 4 millions 848 mille francs déclarés aussi dette d'Haïti envers la France pour les avances faites par le Trésor à la République, pour le service de son emprunt, il faut lire plusieurs fois cette déclaration pour croire qu'elle est réellement insérée dans le traité. Cette énonciation est au moins erronée, et l'on aurait été bien embarrassé, si l'on avait été obligé de préciser dans le traité, les époques auxquelles cette avance avait été faite par le Trésor, qui lui-même ne pourrait certainement pas le prouver pas ses écritures. Mais la Chambre ayant approuvé dernièrement le remboursement de ces 4 millions 848 mille francs *fait* par le Trésor, je m'abstiens de toute autre réflexion.

L'on voit donc que toute cette négociation de 1830 n'a été entreprise, et que le nouveau traité n'a été fait que dans l'intérêt de l'emprunt; et si le traité de 1831 recevait son exécution, il est bien démontré que toute la charge de l'emprunt retomberait sur la France; que les déboursés des prêteurs leur rentreraient au détriment des Colons qu'on abandonne à Haïti.

On a lieu de s'étonner pourtant que le gouvernement d'Haïti ait refusé de ratifier une convention qui lui procurait tant d'avantages. Quelques mots suffiront pour expliquer cette bizarrerie.

Quand ce gouvernement a appris la révolution de juillet, il a pensé qu'elle amènerait une guerre générale; que la France ayant à répondre à toute l'Europe, ne s'occuperait pas d'Haïti, et que la République, au milieu de cette conflagration générale, pourrait, sans danger pour elle, se dispenser de remplir ses engagemens; qu'elle aurait d'ailleurs pour allié tout ce qui serait ennemi de la France. Imbu de cette idée, ce gouvernement n'a pas même encore reconnu, d'une manière positive, le nouveau gouvernement de la France. Il a même refusé l'*exequatur* à la commission que le consul des Cayes recevait au nom de Louis-Philippe, en échange de la commission qu'il avait reçue du gouvernement de Charles X, et Haïti est peut-être le seul gouvernement du globe qui soit dans cette position à l'égard de la France.

L'attente d'une guerre générale, a donc été le véritable motif du refus du Président et de sa conduite dans cette circonstance. C'est ce que n'ignorent pas les personnes qui connaissent ce qui se passe à Saint-Domingue; et bien sûrement, sans ce motif, ce que M. de Saint-Macary avait pris sur lui de faire était trop avantageux pour son pays, pour que ce Gouvernement ne se fût pas empressé de l'accepter.

Cependant, tout en refusant de ratifier le traité de 1831, le Président de la République met très habilement à profit cette circonstance pour faire revivre toutes les prétentions qui avaient été écartées par le Gouvernement précédent, et obtenir de nouvelles concessions.

Il avait envoyé M. Saint-Macary à Paris avant la révolution de juillet, comme il le dit lui-même dans sa proclamation du 12 juin 1831, pour s'entendre sur l'interprétation d'un article du traité, et demander quelques remises de droits sur les denrées qu'il enverrait en France pour se libérer des obligations nouvelles qu'il avait contractées par le traité de 1829; et pourtant aujourd'hui, tout en rejetant le traité du 2 avril 1831, il ne veut plus non plus de ce traité de 1829, qui a été signé par tous les membres de son gouvernement, et ratifié par lui. Et au lieu de ce traité par lequel il s'obligeait à s'acquitter des 120 millions encore dus pour l'indemnité, en fournissant des annuités de 3 millions 600 mille francs, et un million 200 mille francs d'amortissement, il offre de payer 45 millions en 45 ans, sans intérêts, et il ose dire à la France que c'est son *ultimatum*.

Comme aussi les concessions n'ont jamais été pour ce gouvernement que des points de départ pour arriver à obtenir encore plus, il regarde comme acquis les avantages qui lui étaient faits dans les traités même qu'il refuse d'exécuter. C'est ainsi, par exemple, qu'il maintient à son profit la clause du traité de 1829, qui faisait à la République l'abandon du privilége de demi-droit qui avait été stipulé en faveur du commerce français par le traité de 1825; et sans autre formalité, il a signifié à nos agens consulaires et même au gouvernement, qu'à l'avenir les navires français payeraient comme les navires des autres nations; et en effet, depuis deux ans, malgré la réclamation du Gouvernement, les Français sont soumis à cette nouvelle taxe, et la France souffre cette insulte et cette infraction aux traités.

Cette audace du gouvernement d'Haïti, et cette faiblesse de notre part, dans cette circonstance, ne sont encore rien ; je pourrais citer bien d'autres faits qui rendraient plus incompréhensible encore la sympathie que quelques-uns de nos orateurs, qui les ignorent probablement, ont montrée pour ce gouvernement qui, depuis deux ans, prodigue ses outrages à la France.

Je passe aux dernières propositions du gouvernement de la République, pour s'acquitter des 120 millions qu'il doit encore pour l'indemnité.

NOUVELLE
PROPOSITION DU GOUVERNEMENT D'HAITI,
Pour le Paiement
DE L'INDEMNITÉ ET DE SON EMPRUNT.

Si l'on en croit les lettres venues d'Haïti depuis quelques mois, et ce qui a été dit dans plusieurs de ses journaux, le Président aurait envoyé de nouvelles propositions bien différentes de tout ce qui avait été convenu dans les précédens traités. Elles consisteraient à réduire à 75 millions l'indemnité que l'ordonnance de 1825 fixait à 150 millions ; à imputer sur ces 75 millions les 30 millions déjà payés pour le premier cinquième, ce qui réduirait à 45 millions la somme à payer désormais par Haïti à la France, au lieu de 120 millions qu'elle doit encore pour l'indemnité, et ces 45 millions seraient payables en 45 ans, sans intérêts, à raison d'un million par an.

Cette proposition, qui n'est pas même envoyée officiellement par le gouvernement d'Haïti, mais tout simplement en forme de note sans signature, n'en est pas moins, si l'on en croit les bruits du Port-au-Prince, un véritable *ultimatum* : car il serait dit que si la France accepte cette proposition, on lui donnera la forme officielle; que si la France n'accepte pas, la République ne fera plus d'autres propositions, ni réponse, ni paiement, s'en remettant d'ailleurs à la justice de sa cause. Tel est au moins ce que répètent les Haïtiens et les membres même du gouvernement dans leurs publications. Il est difficile de pousser plus loin l'insolence.

D'après cette dernière proposition d'Haïti, l'emprunt resterait en dehors du traité; et autant le Président tenait, en 1828, à ce que la France intervînt dans cette affaire, autant il paraît tenir aujourd'hui à ce qu'elle ne s'en mêle pas.

Le gouvernement d'Haïti dicterait donc aussi la loi aux porteurs de ses obligations, comme il veut la dicter à la France; et tout en appelant toujours cette dette une dette d'honneur, il ne réduirait pas moins aussi ses obligations. Au lieu, par exemple, de donner un million 800 mille francs d'intérêts avec décroissement, et un million 200 mille francs d'amortissement, d'après les conditions de l'emprunt, il ne donnerait plus pour tout rembourser qu'un million par an. Il espère qu'au moyen d'un agiot il pourra retirer ses obligations sur la place et se libérer ainsi; mais il pourrait bien encore se tromper dans son calcul; il se réserve probablement, dans ce cas, d'employer la ressource dont il a usé jusqu'ici ; ce sera de ne pas payer du tout.

Le Président, pour justifier sa demande en réduction, expose la misère du pays et les désastres causés par le dernier ouragan dans la partie du Sud. Ces désastres sont affligeans sans doute, mais chaque année, des événemens du même genre viennent désoler ces contrées d'une manière plus ou moins forte ; ils ne sont pas, pour ce pays, des événemens imprévus. Ce n'est pas même la première fois, depuis 1825, que ce gouvernement invoque des malheurs et la misère de son pays pour faire valoir des demandes semblables ; mais qu'a-t-il fait jusqu'ici depuis l'ordonnance de 1825, pour prouver cette bonne volonté et cette bonne foi dont il nous a si souvent parlé ?

A-t-il pris dans son intérieur des mesures d'administration et de finances pour rendre à son pays la prospérité dont il est susceptible, et qui eussent été pour ses créanciers et pour son crédit, une première garantie ? Non seulement il ne l'a pas fait, mais il a laissé en suspens et sans exécution la mesure décrétée en 1826, par le Sénat, pour améliorer ses finances, faciliter le paiement de ses dettes, en aliénant, dans une sage proportion, les biens nationaux qui ont été donnés pour gage à son emprunt, et qui étaient déjà la garantie de l'engagement qu'il avait contracté pour l'indemnité.

Au lieu de donner suite à cette mesure, qui avait d'ailleurs l'immense avantage de diviser les propriétés dans un grand nombre de mains, et de donner un élan à l'industrie agricole, il a pris au contraire le parti de frapper les terres de stérilité, et de laisser dépérir les habitations et les édifices des villes. Qu'on compare seulement la ville du Cap, à ce qu'elle était à la mort de Christophe, et l'on aura déjà une idée de l'administration haïtienne.

L'état de misère semble être devenu, pour ce pays, une mesure de politique et de gouvernement. Il l'invoque, pour prouver son insuffisance, toutes les fois qu'il s'agit de remplir ses engagemens. Chaque année, au lieu de produire des états qui attestent un acheminement rapide vers le bien et les améliorations, il n'en fournit jamais que pour prouver une augmentation de misère.

Il me sera bien facile, cependant, de prouver à ce gouvernement que, pour un si petit État, il a des ressources immenses dont il ne veut pas user, et qui auraient pu lui fournir très promptement les moyens d'arriver à sa libération, si une politique, que je ferai connaître, et qui est toute machiavélique, ne lui donnait d'autres conseils.

La nouvelle communication faite par Haïti, si on lui donnait la suite que son gouvernement en espère, ne servirait encore qu'à compliquer la position et à nous entraîner dans une autre négociation. C'est ainsi qu'il en use depuis quinze ans, toutes les fois qu'une convention semblait arrivée à son terme, il faisait naître quelque incident qui en retardait la conclusion. Depuis 1825, huit négociations ont été successivement entreprises, et n'ont donné aucun résultat. Le traité du mois d'avril 1829 était le seul qui eût été amené à bonne fin, parce que le gouvernement français, fatigué de toutes ces tergiversations, l'avait donné très sèchement et très positivement comme *ultimatum*; et c'est ce traité que des intérêts privés en France ont réussi à faire disparaître.

Quelle suite, d'ailleurs, pourrait-il être donné aux

dernières propositions de la République? Comment; dans cette circonstance, et même depuis le départ de notre consul du Port-au-Prince, nos communications avec ce gouvernement ont-elles eu lieu?

Tout le monde sait qu'ensuite d'une altercation très-vive avec le Président, à l'occasion du refus de ratifier le traité déjà signé par le Roi, le consul de France avait quitté le Port-au-Prince.

Le gouvernement d'Haïti, loin de chercher à pallier l'insulte qu'il faisait au gouvernement français, en refusant, dans les termes les plus offensans, la ratification des traités conclus par son agent, voulut se donner ici pour l'offensé; et profitant du départ d'un négociant anglais, nommé L. Loyd, qui s'embarquait pour le Havre, il le chargea de remettre au ministère des affaires étrangères une note sans signature contenant des observations du Président sur les traités signés par M. Saint-Macari.

Il paraît qu'en réponse à cette note il a été notifié à la République, que si, dans un délai fixé, la ratification n'était pas arrivée en France, on saurait la contraindre à respecter ses traités.

C'est probablement de cette communication que M. le ministre de la marine a voulu parler à la chambre des Députés dans la séance du 29 février 1832.

Le gouvernement d'Haïti, dans cet intervalle de temps, a trouvé encore l'occasion de faire une nouvelle insulte à la France, et il ne l'a pas laissée échapper. Le consul de France aux Cayes, qui remplaçait par *interim* M. Mollien au Port-au-Prince, et qui était commissionné au nom de Charles X, reçut du gouvernement actuel une nouvelle commission au nom de Louis-Philippe. Il la présenta au gouvernement du Port-au-Prince, qui, sans alléguer aucun motif, et sans autre explication, refusa l'*exequatur*, et jamais ce consul n'a pu l'obtenir. Je sais seulement que, sur une plainte très-énergique que cet agent français adressa au secrétaire-d'état, on lui donna une excuse dilatoire, et les choses en sont encore là.

Enfin, le gouvernement d'Haïti ayant à répondre à la note du gouvernement français qui lui avait été portée par M. L. Loyd, et qui fixait un délai pour la ratification des traités du 2 avril 1831, chargea M. Vaur, négociant français, qui revenait du Havre, de porter sa réponse.

Cette réponse, toujours en forme de note non signée, contient la proposition de donner à la France, pour solder les 120 millions encore dus pour l'indemnité, 45 millions payables en 45 ans, sans intérêts; et cette note, qui contient cette ridicule proposition, est encore envoyée par l'entremise d'un voyageur, et devait être remise comme une lettre venue par la poste au ministère des affaires étrangères; car M. Vaur, qui en était porteur, n'avait d'autre mission du gouvernement d'Haïti.

Tel est l'état de nos relations avec la république d'Haïti et des négociations entamées depuis 1828 avec elle.

L'on voit que, dès cette époque, les tentatives les plus pressantes avaient été faites auprès du dernier gouvernement pour l'amener à reconnaître que l'emprunt était une créance de l'état à charge d'Haïti, et pour la faire placer dans le traité sur la même ligne que l'indemnité.

L'on voit que le dernier gouvernement a résisté à cette prétention, et s'y est refusé formellement à cause des dangers qu'une pareille déclaration pouvait avoir pour la France, et qu'il n'a même jamais voulu consentir à ce qu'il fût parlé de cet emprunt dans le nouveau traité de finances qu'il allait faire avec Haïti.

L'on voit comment, depuis la révolution de juillet, les choses et les dispositions ont changé; comment les contractans de l'emprunt sont arrivés à faire reconnaître dans un traité qu'on s'est hâté de conclure avec un Haïtien sans pouvoir, que l'emprunt était dû à la France; et comment, par conséquent, cette spéculation particulière est devenue une affaire de l'État; et comment aussi, non contens de ce premier avantage, les contractans de l'emprunt sont arrivés à faire déclarer leur créance privilégiée.

Ainsi, pour favoriser quelques intérêts privés, le gouvernement, qui déclare à la tribune même que l'indemnité stipulée dans l'ordonnance de 1825 appartient aux Colons, que les 150 millions sont la valeur représentative de leurs biens, n'en dispose pas moins des sommes que paye Haïti pour rembourser, par privilége, des spéculateurs qui n'auraient, certes, pas compté de leurs bénéfices.

Les Colons, cependant, expropriés déjà une fois par l'Etat et dans son intérêt, réclament l'indemnité promise et que la loi leur accorde. Ils soutiennent que s'ils se sont soumis à tous les arrangemens que le gouvernement a cru devoir prendre dans l'intérêt de l'état, c'est avec la réserve de droit que l'État garantirait l'exécution de cet engagement. Chaque année ils adressent aux Chambres des plaintes inutiles. Chaque année leurs réclamations semblent devenir plus importunes; et, dans cette session, l'on a vu développer avec plus de force le système qu'on invoque pour repousser leurs justes réclamations.

Mais, comme dans la discussion qui a eu lieu à la Chambre des Députés, les 29 décembre et 11 février dernier, se trouvent résumés tous les argumens de nos adversaires, je vais passer en revue ce qui s'est dit dans ces deux séances, soit par le ministère, soit par les différens orateurs; j'essaierai d'y répondre et de prouver que ni les ministres, ni les orateurs qui discutent, ni les Députés qui délibèrent n'ont été bien informés de l'affaire; qu'elle n'a jamais été présentée sous son vrai jour, et que les préventions qui existent contre la demande des Colons ne peuvent qu'être la suite de la réserve mise de tout temps par le gouvernement envers les Chambres, et du refus de produire les pièces qui auraient pu les éclairer.

Je ne dissimule pas cependant que je n'ai jamais partagé l'opinion des Colons qui croient qu'avec des pétitions aux chambres ils obtiendront la justice qu'ils réclament.

Quel peut être le sort le plus favorable réservé à leur pétition? c'est le renvoi au ministère. Mais alors la pétition renvoyée sera précipitée dans le grand *Capharnaum* ministériel, où d'ordinaire viennent s'engloutir les pétitions pour ne plus reparaître.

Les juges de la question entre les Colons et l'état ne sont ni les chambres, ni le gouvernement. Les juges sont les tribunaux; à eux seuls appartient de connaître des questions de propriétés.

Je sais bien que quelques personnes opposent à cette proposition l'incompétence des tribunaux pour connaître des actes diplomatiques; mais cette objection tient à une erreur qui fait confondre l'acte diplomatique avec la question privée. Les Colons n'attaquent pas l'acte diplomatique fait entre la France et Haïti. Ils ne contestent pas au gouvernement le droit dont il a usé, ni l'expropriation qui a eu lieu. Cette disposition du traité est bien véritablement l'acte diplomatique dont les tribunaux ne peuvent connaître.

Mais l'indemnité due aux propriétaires expropriés n'a rien de diplomatique, c'est une affaire à régler uniquement entre l'État et la partie intéressée; et s'il y a contestation entre elle et l'Etat, soit sur la valeur, soit sur le paiement du prix convenu et accepté par les parties, on rentre dans le droit commun et les tribunaux sont juges de cette contestation.

N'en est-il pas de même pour les expropriations pour cause d'utilité publique quand il s'agit de prendre une propriété pour le service de l'Etat? Les tribunaux ne sont pas juges de l'utilité publique, mais ils sont juges de la demande du propriétaire qui réclame de l'Etat le prix du bien dont il a été exproprié.

Je n'hésite pas à dire que si les Colons, au lieu de s'amuser à présenter pétitions sur pétitions, s'étaient adressés aux tribunaux, leur affaire serait terminée depuis long-temps, à moins que le gouvernement, ce que l'on ne peut supposer, car alors il n'y aurait plus ni lois ni hiérarchie, ne voulût pas exécuter les arrêts. Ceci aurait de trop graves inconvéniens.

Je passe à la discussion qui a eu lieu à la chambre des députés dans les séances des 29 décembre et 11 février derniers.

SÉANCE DE LA CHAMBRE DES DÉPUTÉS,

Du 29 Décembre 1832.

Quelques créanciers de l'emprunt d'Haïti se sont adressés à la Chambre, pour demander, les uns, qu'on fasse à la République une remise considérable sur la somme qu'elle doit encore pour l'indemnité, afin de faciliter à ce gouvernement, les moyens de se libérer de ses nouveaux engagemens : les autres pour demander que le gouvernement exige l'exécution du traité du 2 avril 1831.

M. le rapporteur de la commission ne pouvait guères occuper la Chambre de la réclamation des créanciers de l'emprunt d'Haïti, sans parler de la position des Colons, et il a appelé la sollicitude de la Chambre sur les uns et sur les autres.

M. Laffitte, qui a pris la parole après le rapporteur, a plaidé d'abord la cause d'Haïti, et ensuite celle des créanciers de l'emprunt, et malgré le peu d'empressement que le gouvernement haïtien a montré jusqu'ici pour satisfaire aux obligations de son emprunt, dont il ne paye pas même les intérêts, il n'en a pas moins parlé du vif désir que ce gouvernement avait de se libérer : *mais ce pays est si pauvre*, a-t-il dit, et ce qu'on lui demande est tellement au-dessus de ses forces, qu'il ne pourrait jamais s'acquitter, qu'autant que l'indemnité serait réduite ; et enfin il a occupé la Chambre d'un fait qui lui est personnel, et sur lequel il a annoncé devoir donner, en temps et lieu, des explications satisfaisantes.

Après M. Laffitte, la discussion est devenue générale, elle a porté sur les Colons, comme sur les créanciers de l'emprunt; les uns et les autres, les premiers surtout, ont été fort mal traités par les différens orateurs; et c'est M. le ministre des finances qui a entamé le premier cette discussion.

Les paroles de ce ministre ont été brèves et tranchantes.

Je dois proclamer à cette tribune, a-t-il dit, que le Trésor ne doit rien aux Colons. Il aurait dû dire ne veut rien payer aux Colons; car dire, sans entrer dans d'autres explications, que le Trésor ne leur doit rien, c'est dire que la Charte et les lois protectrices de la propriété n'existent plus.

Pour appuyer son assertion, M. le ministre des finances a établi, comme point de fait, que les 150 millions stipulés dans l'ordonnance qui a émancipé Saint-Domingue, ont été le prix de l'indépendance, et non celui des propriétés des Colons.

Mais M. de Charamaule, député, a fait sentir ce que ce système avait d'imprudent, dans le moment où le Président d'Haïti mettait ce motif en avant depuis la révolution de juillet, pour s'exempter de payer l'indemnité; et M le ministre des affaires étrangères, ainsi que M. Dupin, ont relevé cette assertion de M. le ministre des finances, qui mettait d'ailleurs le gouvernement en contradiction avec lui-même; car toutes les notes envoyées au gouvernement d'Haïti, depuis 1831, avaient pour but de combattre cette interprétation donnée à l'ordonnance de 1825, par le Président d'Haïti, depuis la révolution de 1830.

Cette divergence d'opinion et ce dissentiment de deux ministres siégeant dans le même conseil, quand il s'agit de fixer la Chambre sur un fait qui sert de base à un traité, ne prouvent-ils pas déjà combien il est difficile de justifier l'injustice qui fait contester aux Colons ce que la loi leur accorde ?

Mais si, comme l'a déclaré M. le ministre des finances, il n'a pas été stipulé d'indemnité dans le traité qui a abandonné les biens des Colons à la République, mais seulement une indemnité pour l'abandon de la souveraineté et la reconnaissance de l'indépendance, les Colons n'ont-ils pas plus de raison encore pour réclamer cette indemnité de la France ?

« Le gouvernement, ajoute M. le ministre des finan-» ces, a agi d'une manière bienveillante en faveur des » Colons; *car le prix de cette indépendance* leur a été en-» tièrement abandonné; et pourraient-ils se plaindre d'un » arrangement qui leur aurait fait toucher 150 millions, » s'ils avaient été payés? »

Non certainement, les Colons n'auraient fait entendre aucune plainte, si les 150 millions avaient été payés; mais comme ils ne l'ont pas été, leurs plaintes deviennent donc très légitimes, quand surtout, en présence de tous ces faits, on leur dit pour toute réponse, le Trésor ne vous doit rien.

Enfin, pour prouver que le gouvernement ne doit rien aux Colons, le même ministre ajoute. « Si les choses étaient » restées dans l'ancien état, les propriétaires avaient à » réclamer, quoi? des terres stériles, sans aucune va-» leur, qu'il aurait fallu commencer par remettre en » exploitation; ce que les Colons ont perdu, ce sont les » terres fécondées autrefois par la sueur des nègres. »

Mais ne peut-on pas faire observer à M. le ministre des finances, que les terres de la Martinique, de la Guadeloupe, de Cayenne, de Bourbon, sont aussi fertilisées par la sueur des nègres ; et ce motif doit-il faire craindre aux planteurs de ces colonies, de voir la protection du gouvernement leur échapper un jour.

Peut-on oublier aussi que si Saint-Domingue et les autres colonies étaient fertilisées par la sueur des nègres, ces nègres avaient été achetés du commerce français par les Colons au prix de l'or, et que le gouvernement accordait même une prime d'importation pour faire ce commerce.

Que c'est à l'industrie de ces Colons, et aux deux milliards qu'ils ont enfouis à Saint-Domingue et dans nos autres colonies, ou versés dans la caisse du commerce français, que Bordeaux, Nantes, Marseille et nos autres villes maritimes, devaient la splendeur dont elles ont joui pendant plus de deux siècles, et qu'ont fait disparaître les désastres de Saint-Domingue.

Un tel reproche n'attaque-t-il pas aussi indirectement toutes les fortunes industrielles de France ? Toutes les richesses des manufacturiers ne sont-elles pas aussi le produit de la sueur des ouvriers de leurs fabriques ? Ces fortunes colossales en sont-elles moins respectables et moins dignes de protection ? Et si une raison d'Etat ou d'utilité publique, forçait le gouvernement à exproprier sur nos frontières quelques fabricans, et à comprendre l'abandon de leurs manufactures dans un traité de paix, ou de délimitation, pourrait-il renvoyer ces fabricans à se pourvoir, pour leur indemnité, auprès du gouvernement étranger ; ou se débarrasser de leurs réclamations en leur disant : L'État qui vous a expropriés dans son intérêt, ne vous doit rien ; le produit de vos fabriques n'était dû qu'à la sueur de vos ouvriers.... Jusqu'où cependant pourrait conduire le principe qu'on oppose aux Colons !

Quant à la non-valeur de nos biens, dont parle M. le ministre des finances, je demanderai depuis quand le gouvernement peut disposer des biens des particuliers, en déclarant qu'ils étaient sans valeur ? J'aurais toujours à répondre ici, que si par l'incurie ou la politique du gouvernement d'Haïti, une grande partie des propriétés des anciens Colons étaient en friche au moment de la reconnaissance de l'indépendance par la France, un grand nombre des propriétés anciennes étaient aussi, à cette même époque, d'un assez bon produit ; la chose est facile à démontrer.

Peut-on nier, par exemple, que ce sont les revenus des biens des anciens Colons, qui fournissent depuis trente ans à Haïti, les moyens d'échange qui, à une certaine époque, ont fait monter son commerce à plus de 40 millions. Et si un grand nombre de colons avaient retrouvé des terres stériles, d'autres plus heureux auraient retrouvé des terres en valeur et qui sont encore le principal revenu de ce gouvernement.

La République d'Haïti n'a pas considéré, comme M. le ministre des finances, que les propriétés que le gouvernement français lui abandonnait étaient sans valeur, car il les a affectées et hypothéquées au paiement de ses dettes et de son emprunt ; et même en 1826, une loi acceptée par le Sénat, avait décidé, comme je l'ai dit plus haut, qu'une partie de ces biens serait vendue pour assurer le paiement de l'indemnité, et remplir l'engagement que l'État avait contracté envers la France.

Cette loi reçut même un commencement d'exécution. Le gouvernement haïtien a commencé par mettre en vente les propriétés urbaines. M. le ministre des finances doit convenir que les maisons du Cap et des autres villes, qui toutes appartenaient à des Français, et qui sont toutes louées si avantageusement par le gouvernement d'Haïti, ne sont cependant pas des propriétés sans valeur. Le gouvernement français en a disposé cependant aussi, comme il a fait des terres stériles, elles ont été cédées à la République, qui en tire un grand produit ; et l'on repousse pourtant aussi les anciens propriétaires qui réclament des indemnités, en leur disant que leurs biens étaient sans valeur.

Les ventes commencées par le gouvernement d'Haïti se faisaient avec succès. C'est alors que la politique de ce Gouvernement l'a décidé à les interrompre. Les indigènes, qui n'étaient que locataires, sortaient en devenant propriétaires, de l'espèce de servage dans lequel les tiennent les gouvernans. Le gouvernement en continuant les ventes, ne pouvait pas non plus invoquer sa misère pour retarder les paiemens qu'il devait faire à la France et à son emprunt, et ces deux motifs ont fait interrompre cette mesure qui aurait, comme je l'ai déjà fait remarquer, fort avancé la libération d'Haïti ; si les ventes avaient été continuées, comme la loi du pays et les engagemens contractés le prescrivaient.

Enfin, pour repousser cette allégation de non valeur, dont on voudrait se faire un droit pour refuser aux Colons l'indemnité qu'ils réclament, je demanderai aussi, si tout ce que Haïti a eu revenu ne provient pas, à l'exception de ses douanes, des plantations anciennes de nos Cafeyries, qui n'ont pas été renouvelées et qui existent encore, si même les douanes du pays ne sont pas alimentées par l'exportation des denrées que ces plantations produisent? Si entre autres, dans les années 1816, 1817, 1818 et 1819, les récoltes en café n'ont pas produit 40 millions de livres au moins?

Je demanderai, si un grand nombre d'habitations, dans le nord, n'ont pas fourni, sous le gouvernement de Christophe, à tout le luxe et aux énormes dépenses de cet Empereur noir? Si ces revenus n'ont pas servi à payer son armée, à doter et enrichir ses généraux et les gens de sa cour? S'ils n'ont pas payé les dépenses de ses fortifications et la construction de ses places fortes? Si le produit de ces biens n'a pas fourni l'énorme trésor que Christophe avait amassé à la Ferrière, et dont une partie a été pillée au moment de sa mort, et l'autre partie transportée au Port-au-Prince? Ce sont cependant les biens des anciens Colons qui ont fourni à toutes ces dépenses, et ces mêmes biens composent encore, en grande partie, le revenu de la République.

L'on peut très bien dire aux Colons, nous ne vous paierons pas, mais ce serait un abus de la force, ce serait, de la part du gouvernement, employer à opprimer les citoyens qu'il doit défendre, la puissance dont il doit faire usage pour les protéger.

M. Teste, qui a succédé à la tribune à M. le Ministre des finances, a fait remarquer que les Colons ont dû compter sur une indemnité, d'après l'ordonnance royale de 1825, et l'acceptation de cette ordonnance faite, avec toute la solennité requise, par les autorités d'Haïti.

Ce Député a fait observer, avec grande raison aussi,

que le langage tenu à la tribune, par les trois orateurs qui l'ont précédé, était un pronostic fâcheux pour le résultat des négociations futures, et que rien n'était plus propre à donner, dans le cours de cette négociation, à la République d'Haïti, des espérances outrées, que les concessions que sans aucune nécessité on verra prodiguer à ce gouvernement.

Enfin, M. le Ministre des affaires étrangères a pris la parole après M. Teste.

Ce Ministre a envisagé la question de Haïti, sous trois points de vue très distincts; premièrement, « dans ses » rapports avec l'intérêt général de la France, en second » lieu dans ses rapports avec l'intérêt des anciens Colons; » enfin, dans ses rapports avec l'intérêt des contractans » de l'emprunt d'Haïti.

» En ce qui touche l'intérêt général, M. le Ministre » des affaires étrangères cite l'ordonnance du 17 avril » 1825, qui a reconnu l'indépendance d'Haïti Le prix » de cette indépendance a été la stipulation d'avantages » commerciaux, tels que l'admission des marchandises » françaises dans les ports d'Haïti, sur le pied d'un » droit inférieur de moitié aux droits imposés aux étran- » gers. Le gouvernement d'Haïti, a dit le Ministre n'a » jamais exécuté loyalement cette condition qu'il avait » acceptée; il s'est appliqué à l'éluder dès le premier mo- » ment.

» De nouvelles négociations se sont ouvertes, et de » négociations en négociations, le gouvernement fran- » çais, au mois d'avril 1829, en est venu à renoncer à » ce demi droit. Il y a renoncé dans des articles préli- » minaires signés au Port-au-Prince, entre notre Con- sul-Général à Haïti, et le Président de la République.

» Cette renonciation se trouve consignée dans le traité » définitif qui a été signé à Paris le 2 avril 1831. »

En effet, depuis la publication de l'ordonnance du 17 avril 1825, qui a émancipé notre ancienne Colonie, et l'acceptation par la République, de toutes les conditions mises dans cette ordonnance, le gouvernement d'Haïti, dès le premier moment, a cherché à éluder ses engagemens. Huit négociations successives ont été entreprises sur diverses questions et toujours ce même gouvernement a su se soustraire aux nouvelles conventions. Il a réussi par cette tactique à gagner toujours du terrain, et à nous arracher de nouvelles concessions.

Enfin, au mois d'avril 1829, un traité définitif, et non des articles préliminaires d'un traité, comme le croit M. le Ministre des affaires étrangères, avait été signé entre le Consul-Général de France au Port-au-Prince, avec tous les membres de son gouvernement, et le Président, comme chef de l'État, avait ratifié ce traité, ce qui lui donnait bien le caractère d'un traité définitif; ce traité avait été renvoyé en France pour être ratifié aussi par le roi, ainsi que cela avait été promis et annoncé au gouvernement d'Haïti.

J'ai fait plus haut l'historique de ce traité du mois d'avril 1829, et de celui du 2 avril 1831, qui n'ont pas ensemble la moindre connexité; ainsi, loin de pouvoir considérer le traité signé au Port-au-Prince, comme articles préliminaires du traité signé à Paris, deux ans après, l'on doit reconnaître que c'était un traité définitif conclu d'après l'ultimatum envoyé par M. de la Feronnais, qui l'avait soumis et fait discuter en Conseil des Ministres; et il n'a rien de commun avec le traité de 1831.

Il y a peut-être de la témérité à relever ainsi une assertion faite à la tribune par le Ministre des affaires étrangères, quand il s'agit d'expliquer un traité; mais l'affaire est trop grave pour laisser propager une erreur qui change toutes les positions et qui compromet la fortune de 15 mille familles. Cette assertion du Ministre prouve qu'il était mal informé de ce qui s'est fait avant lui.

Voici donc encore les faits qu'il importe bien d'établir, dans l'intérêt de la France, comme dans le nôtre. Je vais les établir encore au risque de me répéter.

Le traité de 1829 a été la suite d'une négociation entamée à Paris, dans le cours de 1828, entre le banquier de la République, d'abord directement avec le gouvernement français; et ensuite avec lui et un envoyé d'Haïti, et deux Commissaires nommés par le Gouvernement français. C'est cette négociation qu'on a envoyé conclure à Haïti, pour se débarrasser de certaines obsessions qui gênaient fort à Paris; et cette négociation a été terminée au Port-au-Prince, par le traité de 1829.

Avant d'arrêter la base de ce traité, une Commission composée de pairs et de députés, et présidée par M. le Comte Roy, Ministre des finances, avait été consultée et entendue, comme je l'ai déjà dit, et c'est sur son avis que les bases de ce traité avaient été arrêtées.

L'intérêt de l'emprunt était venu, comme je l'ai fait connaître aussi, se mêler à la négociation entamée pour régler le paiement de l'indemnité; les intéressés dans l'emprunt avaient voulu que l'on confondît les deux dettes. Cette proposition semblait d'abord assez admissible : mais bientôt on reconnut que cette opération de l'emprunt étant une spéculation particulière, le Gouvernement ne pouvait, sans se rendre responsable, se mêler d'en changer ou modifier les conditions; et il fut donné pour instruction aux négociateurs, d'écarter dans le traité toute stipulation particulière pour régler le paiement de l'emprunt.

M. de la Ferronnais fit donc rédiger, non pas des articles préliminaires, mais bien un projet de traité définitif qu'on envoya comme *ultimatum* à Haïti, et qui ne contenait autre chose qu'un mode nouveau de paiement de l'indemnité, avec des délais beaucoup plus longs. Il consistait, comme on l'a vu, à admettre Haïti à se libérer en annuités de 5 millions 600 mille francs, représentant à 3 p. o/o les intérêts du capital de 120 millions, et un million 200 mille francs d'amortissement.

L'on faisait ensuite à Haïti la remise du demi-droit stipulé au profit du commerce français par l'ordonnance d'émancipation. L'on avait même déclaré au Gouvernement d'Haïti, qu'on ne s'occuperait, soit d'un traité de commerce et de navigation, soit de toute autre affaire, qu'après la conclusion du traité de finances, tel qu'il était proposé, ce traité de finances devant être conclu avant tout. Il fut donc signé au mois d'avril 1829, par M. Mollien, Consul-Général, par tous les Membres du Gouvernement d'Haïti, et ratifié dans les formes d'usage par le Président d'Haïti, comme le sont tous les traités définitifs, et renvoyé à Paris, pour être soumis à la ratification du Roi.

J'ai fait connaître tout ce qui a été fait pour retarder cette ratification, ainsi que l'état où en étaient les choses quand la Révolution de 1830 est venue changer le Gouvernement.

Il est donc bien constant que le traité du mois d'avril 1829, loin d'être un préliminaire au traité de 1831, comme le croit M. le Ministre des affaires étrangères, était un acte définitif, car il terminait et réglait tous les intérêts de finances de la France avec Haïti, lesquels consistaient uniquement alors dans le règlement du paiement de l'indemnité, puisque le Gouvernement avait reconnu qu'il ne pouvait, sans se rendre responsable, stipuler des conditions pour le paiement de l'emprunt ; et si ce traité eût été ratifié par le roi, comme il devait l'être, tous nos débats actuels n'existeraient pas, et nous n'aurions plus avec Haïti, d'autres affaires que celles qui existent entre la France et les autres Etats, dans des temps ordinaires de paix.

Enfin, le traité de 1829 est si loin d'être le préliminaire du traité du 2 avril 1831, que toutes les conditions qu'il renferme sont anéanties et abrogées de fait par le dernier traité.

Au surplus, le rapprochement de ces deux traités va démontrer cette vérité jusqu'à l'évidence.

RAPPROCHEMENT

DES TRAITÉS DE 1829 ET DE 1831.

Dans le traité de 1829, le Gouvernement avait recommandé au négociateur de ne rien insérer qui pût porter innovation au contrat ou aux conditions de l'emprunt.

Dans le traité de 1831, au contraire, on déclare l'emprunt, dette d'Haïti envers la France; on change donc d'abord le créancier; on fait ensuite payer cette dette par Haïti à la France, et on rend très habilement, par cette stipulation, les créanciers de l'emprunt, créanciers de la France : car ils ne sont plus créanciers d'Haïti.

Dans le traité de 1829, le Gouvernement n'avait pas voulu qu'on admît que le Trésor de France était créancier d'Haïti, des 4 millions 848 mille francs avancés à la République par ses banquiers, pour le paiement des intérêts de l'emprunt.

Dans le traité de 1831, au contraire, on reconnaît que c'est le Trésor de France qui est créancier d'Haïti de cette somme; que c'est lui qui en a fait l'avance; et cependant il ne l'a remboursée aux prêteurs qu'en 1830; donc il ne l'avait pas avancée en 1827 et 1828.

Le traité de 1829 stipule que Haïti, qui obtient de très longs délais pour s'acquitter de l'indemnité qu'elle devait payer en cinq ans, payera les intérêts à 3 p. o/o avec un amortissement d'un million 200 mille francs.

Le traité de 1831 non seulement donne un délai bien plus long encore à Haïti pour solder l'indemnité, mais il fait remise des intérêts et supprime par conséquent l'amortissement, quoique Haïti n'ait demandé aucune de ces faveurs.

Le Gouvernement, dans le traité de 1829, avait refusé aux contractans de l'emprunt de s'immiscer dans leur affaire, dans la crainte surtout de changer les conditions de leur contrat, tant le Gouvernement redoutait de faire peser une charge sur la France, et d'assumer sur lui une grande responsabilité.

Le traité de 1831, au contraire, change toutes les conditions de l'emprunt; il change la quotité des intérêts, en supprime même une partie, change les époques de remboursement, supprime l'amortissement, et rend par conséquent la France responsable d'une affaire qui lui était complètement étrangère.

Le traité de 1829 stipulait tout en faveur de l'indemnité, il était fait dans ce seul intérêt.

Le traité de 1831, au contraire, ne place l'indemnité qu'en troisième ligne; il donne à l'emprunt et au Trésor un privilége sur les Colons. Il les autorise à prendre, par préférence avant eux, jusqu'à parfait paiement de l'emprunt, la moitié de toutes les sommes que Haïti devra payer d'après ce dernier traité.

Il est donc démontré que le traité de 1831 détruit entièrement le traité de 1829 dans toutes ses parties, et que par conséquent celui-ci ne peut jamais être considéré comme le préliminaire de l'autre.

Cependant, M. le Ministre des affaires étrangères a dit à la Chambre que le traité de 1831 n'avait porté qu'un léger changement au traité de 1829. S'il veut se faire représenter ces deux traités et les comparer l'un avec l'autre, comme je viens de le faire, il verra qu'il était complètement dans l'erreur.

Le Président de la République, au surplus, n'a pas considéré, comme M. le Ministre des affaires étrangères, le traité de 1829 comme n'étant que le préliminaire d'un autre traité; il l'a considéré comme tellement définitif, qu'il n'a pas admis qu'on ait pu se livrer à une nouvelle négociation sur cette même question, et il a refusé de reconnaître le traité de 1831. Il a désavoué publiquement le négociateur, il l'a disgracié et même exilé; il a déclaré qu'il n'avait aucun pouvoir, mais profitant néanmoins de ce conflit, le Gouvernement d'Haïti, qui ne manque jamais l'occasion d'éluder les engagemens qu'il a contractés; a saisi celle-ci pour demander de nouvelles concessions, et d'abord une réduction de 75 millions sur sa dette. Il envoie même audacieusement un *ultimatum*, il déclare et dit publiquement qu'il n'admettra les nouvelles commissions de nos Agens consulaires, que quand la France aura fait droit à ses réclamations. Il prend enfin avec la France, un ton de hauteur que notre ton débonnaire et la discussion qui a eu lieu à la Chambre ne pourront qu'encourager.

En effet, M. le Ministre des affaires étrangères, loin d'annoncer à la Chambre que la France avait répondu au gouvernement d'Haïti, avec la fermeté qui convient à sa position, à sa force et à sa puissance, semble en quelque sorte excuser sa résistance. Il ne blâme même pas trop les insultes de ce Gouvernement; la résistance qu'il oppose semble, selon lui, tenir à l'insuffisance des ressources du pays, et à l'exagération des demandes de la France.

J'indiquerai donc l'état des ressources dont Haïti aurait pu faire usage, si elle avait eu de la bonne foi et la volonté de se libérer. Mais si le Gouvernement veut se contenter des raisons que lui donne le gouvernement d'Haïti, ou ses défenseurs officieux; si au lieu de se faire rendre compte de ce qui s'est passé depuis dix ans, et des demandes faites par la République, à chaque Ministère, et à chaque négociation; s'il veut se faire énumérer les concessions qu'elle s'est fait faire par les différentes négociations ou traités qu'elle a toujours éludés, il verra que sous tous les Ministres, et surtout sous celui de M le comte de la Ferronnais, la position d'Haïti avait été bien analysée et bien discutée, et reconnu que ce qu'on lui demandait en 1829, était loin d'être exagéré, et que si Haïti ne maintient pas ses engagemens contractés par le traité de cette époque, ce ne sont pas les ressources qui lui manquent, mais la volonté. Le Ministre n'a-t-il pas d'ailleurs une preuve évidente de la mauvaise foi de ce Gouvernement, dans son refus de payer, depuis 1827, même les intérêts de son emprunt, qu'il pouvait acquitter d'autant plus facilement, qu'il ne donnait pas un sou à la France; et quand après cet acte de mauvaise foi, M. Laffitte vient aussi parler à la Chambre, du désir qu'à le Gouvernement de cette République de se libérer et de payer même sur le champ les 4 millions 904 mille francs dus au Trésor, c'est une véritable dérision.

Il est en vérité difficile de comprendre comment, après tout ce qui s'est passé, M. Laffitte peut encore croire à la bonne foi du gouvernement d'Haïti; comment il peut encore se faire de telles illusions; et comment, surtout, il veut les faire partager à la Chambre, à la France, et aux malheureux créanciers d'Haïti, qui n'ont déjà que trop de regrets de leur confiance et de leur crédulité.

Enfin, M. le ministre des affaires étrangères, en parlant de l'offre faite par Haïti, de nous payer 45 millions en 45 ans, ajourne la réponse que la France pourrait faire à cette nouvelle proposition; et il subordonne, en quelque sorte, sa réponse à l'examen de deux questions; 1° ce que Haïti peut fournir; 2° ce que les Colons consentiraient.

J'indiquerai ce que Haïti pourrait fournir, je ferai connaître les ressources dont cette République pourrait faire usage; et Haïti elle-même, d'ailleurs, a indiqué ce qu'elle pourrait faire, quand elle a souscrit le traité du mois d'avril 1829, auquel son gouvernement n'a consenti qu'après une longue discussion et un long examen. Ainsi, en mettant même de côté les ressources que peuvent lui offrir l'excédant de son budget et de son épargne, que je réduirai au taux que ce gouvernement et ses agens avouent eux-mêmes, les ressources territoriales, les propriétés des villes qu'une loi lui ordonnait de vendre, lui suffiraient, et bien au-delà assurément, pour payer l'indemnité reduite en annuités, comme le stipule le traité de 1829, et pour toutes les charges de l'emprunt. Il est donc inutile d'aller chercher, ou d'attendre de nouveaux renseignemens de Saint-Domingue ; tout ce qu'on pourra dire et écrire ne détruira jamais des faits. Ainsi, dès à présent, M. le ministre des affaires étrangères pourrait exiger d'Haïti l'exécution du traité de 1829, et intervenir d'une manière non moins efficace, dans l'intérêt des créanciers de l'emprunt, auxquels le gouvernement doit protection.

Quand on voit un ministre, en 1833, ajourner sa décision à cause de l'incertitude où il est sur la position financière d'Haïti, l'on croirait que cette affaire est neuve et qu'on la traite aujourd'hui pour la première fois. Mais la question qui embarrasse M. le duc de Broglie a déjà été examinée et discutée contradictoirement même, avec Haïti ; et le traité de 1829 ne s'est pas fait si légèrement que le ministère d'alors, qui avait tout autant au moins le désir de finir cette affaire d'une manière convenable pour les deux pays, puisse être taxé d'imprévoyance. La question était alors, comme aujourd'hui, non pas de savoir quelle était la somme capitale que Haïti devait payer, l'ordonnance de 1825, acceptée par ce pays la déterminait, mais elle était de savoir comment et dans quels délais la République pourrait s'acquitter, et l'on tenait à régler les choses de manière que l'exécution du nouveau traité ne fût pas incertaine. Ce n'est enfin qu'après avoir entendu toutes les objections, reçu les renseignemens les plus positifs, que les bases du traité de 1829 ont été irrévocablement arrêtées.

Cependant, par excès de prudence, le gouvernement qui avait acquis sa conviction sur les moyens que Haïti avait de remplir le nouvel engagement, a voulu que le projet de traité fût porté au Port-au-Prince pour l'y conclure. Il fut par conséquent soumis à un nouvel examen, et c'est après une nouvelle discussion que tous les membres de ce gouvernement furent appelés par le Président à donner leur avis. Ce n'est enfin qu'après avoir subi cette troisième épreuve, que ce gouvernement a reconnu qu'une rente de 4 millions 800 mille francs, y compris l'amortissement, était un arrangement convenable pour le pays, et qu'une telle convention pourrait s'exécuter, et tous les membres de ce gouvernement, sans en excepter un seul, signèrent ce nouveau traité, et le Président y mit sa ratification.

Les renseignemens qu'attend M. le duc de Broglie, et qui probablement n'arriveront qu'après la session, auront-ils une plus grande authenticité? Quels renseignemens pourra-t-il recevoir qui n'aient été fournis à M. de la Ferronnais et aux autres ministres?

De qui recevra-t-il ces renseignemens aujourd'hui? il les recevra du seul Vice-Consul que la France ait encore à Saint-Domingue. Mais sans suspecter la probité de ce Vice-Consul, pas plus qu'on ne suspecte la probité d'un juge de tribunal qu'on récuse, les Colons ne sont-ils pas en droit de récuser le témoignage de cet agent?

Tout le monde sait qu'il a un intérêt dans la maison de commerce française qui existe au Port-au-Prince.

Tout le monde sait que le commerce a aussi un intérêt bien prononcé à ce que l'indemnité soit réduite, pour que Haïti, délivré de cet embarras, n'ait plus rien à démêler avec la France, et que les opérations commerciales puissent se faire avec plus de sécurité.

Tout le monde sait que cet agent a été le précepteur de la fille du Président, et qu'il existe par conséquent entre lui et le chef de ce gouvernement des relations qui peuvent le porter à le servir.

Tout le monde sait que des liaisons existent aussi entre cet agent et le sieur Inginac, secrétaire d'Etat d'Haïti, qui est le membre influent dans ce gouvernement, et qu'à l'époque où ce secrétaire d'Etat traitait fort mal nos autres Consuls, il avait toujours une bienveillance marquée pour celui qui est appelé à donner seul aujourd'hui son avis dans l'affaire d'Haïti.

Dans une telle position, les Colons ont bien le droit, sans blesser personne, de récuser le témoignage de cet agent, et de s'étonner que ce soit à lui qu'on s'adresse, quand les autres Consuls sont en France, qu'ils pourraient être entendus, et quand on pourrait également consulter les officiers qui ont commandé les stations. Tous nécessairement doivent avoir fait des rapports qui vaudraient au moins autant que ceux qu'on attend; car ils n'auraient été rédigés ni sous les influences locales, ni sous celle d'intérêts privés.

Ce ministre pourrait aussi, pour former sa conviction, consulter l'espèce de compte-rendu sur la situation d'Haïti, qui se trouve dans le *Journal du Commerce* du 23 février 1831 ; ce journal recevait alors sa direction du principal organe d'Haïti, et l'article a été rédigé par l'agent de la compagnie qui arrivait depuis peu du Port-au-Prince, et par l'envoyé d'Haïti lui-même, qui se trouvait alors à Paris. En s'en tenant encore à ce renseignement, qui a pour ainsi dire quelque chose d'officiel par le caractère des personnes qui l'ont fourni, un certain degré d'authenticité, en faudrait-il davantage pour prouver que ce gouvernement a les moyens de payer dans les délais qu'il a acceptés en 1829, et que ce dernier traité n'avait rien d'exagéré.

Ce qui se passe aujourd'hui par rapport à l'affaire d'Haïti, fait ressortir un des grands inconvéniens du mode actuel de gouvernement. C'est ce changement continuel de ministres qui permet rarement au même ministre de terminer une négociation qu'il a commencée. Celui qui lui succède tenant ordinairement à une opinion opposée, commence par désapprouver ce qu'a fait son prédécesseur, et souvent, sans s'enquérir de ce qui s'est passé et des antécédens, et ne se fiant qu'à sa manière de voir, il traite les affaires déjà commencées comme si elles étaient à leur début; les questions décidées se représentent de nouveau, et les affaires prêtes à finir deviennent interminables. Un des grands événemens du siècle, qui heureusement a fort bien tourné pour la France, n'a pourtant pas eu d'autre cause.

Je sais qu'il a été dit, l'année dernière, dans la séance du 29 février, à la Chambre des Députés, que Haïti n'avait contracté en 1825 l'obligation de payer 150 millions que par la peur de voir brûler sa capitale par l'escadre française qui était mouillée dans la rade; mais que répondront ces défenseurs d'Haïti, quand ils verront que ce gouvernement quatre ans après a manifesté cette même volonté dans le traité de 1839. M. le Consul Mollien, qui a conclu ce dernier traité, était seul alors au Port-au-Prince, aucun vaisseau armé ne se trouvait ni dans le port, ni dans la rade, ni dans les parages. La liberté la plus entière régnait dans le cabinet d'Haïti, et là cependant une nouvelle convention, stipulant la même somme payable avec les intérêts, dans des délais beaucoup plus longs, il est vrai, a été signée non-seulement par le secrétaire d'Etat d'Haïti, qui avait négocié avec M. Mollien, mais par tous les membres du gouvernement, comme si le Président avait voulu, par cette forme inusitée. donner plus de force à son nouvel engagement et à sa signature, et manifester d'une manière plus patente la libre volonté de son gouvernement et la sienne.

Haïti a eu quatre ans pour réfléchir et calculer sa position, ses ressources et le nouvel engagement qu'elle allait contracter; quel nouveau renseignement et quelles nouvelles données faut-il donc encore à M. le ministre des affaires étrangères pour prendre un parti et faire cesser ces honteux débats pour la France.

Quant à ce que les Colons pourraient consentir, et à la question de savoir jusqu'à quel point le ministre serait avoué par les propriétaires de l'indemnité, en transigeant pour une somme quelconque, je dirai que l'embarras du ministre et celui du gouvernement, dans cette affaire, tient uniquement à ce qu'on n'exécute pas les lois et ce que prescrit la Charte. La Charte et les lois vous disent d'une manière assez claire et assez précise ce que l'Etat doit faire quand il transige avec un gouvernement étranger, et qu'on lui sacrifie ou qu'on lui abandonne des propriétés et des intérêts privés. Les Colons ont assez prouvé qu'ils se soumettaient à tous les arrangemens qui pourraient être favorables à l'Etat et faciliter ses traités. Vous avez fixé vous-même la quotité de l'indemnité, ils ont accepté cette évaluation, vous ne pouvez plus la diminuer. Les Colons ont eu confiance dans votre loyauté, des engagemens ont été contractés par eux, de nombreuses transactions, des intérêts de famille se sont réglés sur cette promesse, dont l'effet était garanti par les lois, c'est à vous à calculer, dans les arrangemens que vous voulez faire avec Haïti, les paiemens que vous exigerez de cette République; c'est à vous à en régler les époques et la quotité, de manière à ce que le Trésor de France n'en souffre pas, et qu'il soit à couvert d'avances et des paiemens qu'il devrait faire lui-même; les charges du Trésor, par rapport à l'indemnité due aux Colons, ne seront, en quelque sorte que fictives. Cette affaire se réduit donc, si on veut la conduire comme elle doit l'être, à une mesure d'administration, et vous la réglerez vous-même mieux que nous ne pourrions vous l'indiquer.

Après avoir discuté sans avoir eu le temps de se faire rendre un compte exact de l'état des choses par rapport aux Colons, M. le ministre des affaires étrangères passe à la question de l'emprunt.

« Ce ministre reconnaît d'abord que cette opération » de l'emprunt est complètement étrangère à la France, » que le gouvernement n'a contracté aucun engagement » envers les prêteurs, qu'ils ont contracté avec publi- » cité et concurrence, à leurs risques et périls; et je ne » pense pas, dit le ministre, qu'on puisse dire que le » gouvernement soit tenu à leur égard plus qu'à l'é- » gard de l'emprunt des Cortès, et envers tous ceux qui » placent leurs fonds dans les emprunts étrangers. »

Comment, après une telle déclaration faite devant la Chambre des Députés, M. le ministre des affaires étrangères peut-il soutenir encore le traité du 2 avril 1831, qui déclare que la dette d'Haïti envers ses prêteurs est une dette de la République envers la France?

Comment ce même ministre qui déclare que l'emprunt d'Haïti est une spéculation particulière faite aux risques et périls des prêteurs, dont le gouvernement n'a pas plus à se mêler que de l'emprunt des Cortès, peut-il soutenir ce traité du 2 avril 1831, qui donne aux prêteurs un privilége sur les Colons, qui les autorise à prélever par préférence sur eux, jusqu'à l'extinction de leur dette, deux millions sur les quatre millions que Haïti devait payer pour l'indemnité? Tout cela ne porterait-il pas à croire que M. le ministre des affaires étrangères n'était pas préparé pour soutenir la discussion qui a eu lieu le 29 décembre 1832, ou qu'il n'a pas donné une grande attention même à la lecture du traité du 2 avril 1831.

Tout en me récriant fortement contre l'injustice de ce traité, qui viole des droits acquis, qui change les conditions insérées dans l'intérêt des tiers, dans l'ordonnance de 1825, acceptée par Haïti, je suis loin de croire que les créanciers de l'emprunt d'Haïti, pas plus que les créanciers de l'emprunt des Cortès, doivent rester étrangers au Gouvernement. Ils ont, comme Français, le droit de réclamer sa protection, et de le presser d'intervenir, dans leur intérêt, auprès des gouvernemens qui violent ainsi leurs engagemens. Des milliers de familles françaises sont intéressées dans ces deux emprunts, ils sont victimes des gouvernemens avec lesquels ils ont contracté. Les créanciers d'Haïti, surtout, qui ont contracté sous les yeux d'un ministre, et en quelque sorte encouragés par lui, doivent recevoir une protection toute particulière ; et si le Gouvernement français n'est pas tenu à leur égard, comme responsable des deniers prêtés, il est tenu d'intervenir du moins pour exiger que la justice soit rendue à des Français qui se plaignent avec tant de raison de la perfidie d'un gouvernement étranger ; et je crois que l'intervention de la France dans l'affaire de l'emprunt d'Haïti, amènerait, si les choses étaient bien conduites, à faire rendre justice et aux Colons et aux créanciers de l'emprunt, sans blesser les droits ni les intérêts des uns ou des autres.

Enfin, M. le ministre des affaires étrangères arrive au point délicat de la prétention des prêteurs, qui se sont fait rembourser par le Trésor 4 millions 904 mille francs, pour les avances faites par eux à Haïti, pour le paiement des intérêts.

« Il est arrivé, dit le ministre des affaires étrangères, » que par une circonstance particulière, le Gouvernement se trouve en ce moment, jusqu'à un certain point, » co-intéressé avec les prêteurs.

Je m'abstiendrai de toute réflexion, et sur la garantie réclamée auprès du gouvernement par les prêteurs, et sur la manière dont cette somme a été remboursée. Cette discussion m'écarterait du but que je me propose. Je n'en parlerai donc qu'autant qu'il en résulterait un préjudice réel pour les Colons.

Si le Gouvernement se trouve par une circonstance fortuite, co-intéressé avec les prêteurs, il ne peut, en bonne règle, et dans tout état de cause, qu'avoir les mêmes droits que les prêteurs, et les exercer comme ils le pourraient faire eux-mêmes. Or, les prêteurs auraient-ils pu jamais exiger que les Colons leur remboursassent les avances qu'ils ont faites à Haïti, pour le paiement des intérêts de son emprunt ?

Pourquoi donc le Trésor, qui en 1830 a remboursé bénévolement, et sans l'intervention des Chambres, les quatre millions 904 mille francs avancés par les banquiers de l'emprunt au gouvernement d'Haïti, aurait-il le droit de se faire donner aussi, comme on le fait dans le traité du 2 avril 1831, un privilége sur les Colons ?

Si le Trésor enfin s'est obligé d'une manière quelconque envers les prêteurs, c'est à lui à payer cette dette, qui lui devient personnelle. Il peut demander à ce sujet un crédit aux Chambres ; mais, à moins de violer toutes les lois, il ne peut se rembourser au détriment des tiers, qui ne sont pour rien dans cette affaire.

La Chambre a paru néanmoins satisfaite des explications données par M. le ministre des affaires étrangères ; car, si l'on en croit *le Moniteur*, les mots de *très-bien* se sont fait entendre, et des marques prolongées d'approbation, dit la même feuille, ont été données par la chambre aux explications fournies par le ministre.

Si cependant il est vrai, comme le disaient en 1828 M. Roy et M. de La Ferronnais, que les stipulations d'un traité qui changeaient les conditions de l'emprunt rendraient la France responsable, s'il était vrai que la France, devenue créancière de l'emprunt par le traité de 1831, devient alors débitrice envers les créanciers de cet emprunt au lieu d'Haïti ; s'il était vrai qu'elle peut être compromise par ce traité pour 38 millions au moins, puisqu'elle a changé, sans consulter les parties intéressées, toutes les conditions de l'emprunt, la quotité des intérêts, l'amortissement, les époques de remboursement, et qu'elle se fait payer par Haïti la somme due à l'emprunt, cette satisfaction de la chambre, dont parle *le Moniteur*, pourrait fort bien se changer en improbation.

Que la chambre se fasse donc remettre ce traité, que plusieurs personnes connaissent comme moi, et elle verra si cette affaire ne mérite pas l'examen le plus approfondi.

Après le ministre des affaires étrangères, M. le président de la Chambre des Députés quitte le fauteuil. Les Colons présens à cette séance sont pleins d'espérance quand ils voient monter à la tribune ce brillant orateur chargé de défendre, à la Cour suprême, les intérêts de la veuve et de l'orphelin, et de plaider dans l'intérêt de la loi. Mais qu'ils sont loin de compte quand ils l'entendent opposer le sarcasme et l'ironie la plus amère aux réclamations de quinze mille familles françaises arbitrairement spoliées par des mesures que l'équité réprouve comme les lois

« L'envie, a-t-il dit, n'a pas manqué aux Colons de » faire que l'indemnité fût payée de la même manière » qu'elle l'a été aux émigrés. Ils auraient voulu que la » nation intervint, non pas seulement en raison de cette » tutelle gouvernementale dont j'ai parlé, mais qu'elle » contractât elle-même l'obligation directe de payer leur » indemnité. Les Colons étaient alléchés par un attrait » puissant; ils voyaient les émigrés qui se faisaient rem- » bourser un milliard pour leurs propriétés; ils auraient » touché au même titre leurs 150 millions; ils auraient » volontiers demandé que la France fit la guerre à leur » profit, et que nous allassions à Saint-Domingue, à tra- » vers l'Océan, pour leur refaire des esclaves et les réin- « tégrer dans leurs propriétés des hommes et des choses;

» ou si nous désertions ce qu'ils appellent un principe, » de les rembourser en argent, comme leurs compagnons, » qui ont obtenu un milliard (on rit). La France a ré» sisté et a dû le faire. » Extrait du *Moniteur* du 30 décembre 1831.

Quand les Haïtiens, qui prodiguent les outrages à la France depuis deux ans, auront connaissance de cette discussion à la Chambre des Députés, combien n'auront-ils pas à s'applaudir, et ne seront-ils pas fiers du ton de hauteur qu'ils ont pris envers notre Gouvernement. Car c'est bien leur cause que sont venus plaider, en quelque sorte, à la tribune de France, et le président de la Chambre des Députés et les ministres eux-mêmes.

Aucun d'eux, non-seulement n'a osé relever le gant que Haïti a la hardiesse de jeter à la France, mais chacun des organes du Gouvernement, ou les agens du pouvoir eux-mêmes viennent au contraire s'humilier et accuser de barbarie les Colons échappés aux massacres, et qui sont venus se réfugier dans le sein de la mère-patrie.

Où l'orateur a-t-il vu que les Colons ont montré le désir insensé qu'on fît la guerre à leur profit, et que nous allassions à Saint-Domingue, à travers l'Océan, pour leur refaire des esclaves et les réintégrer dans leurs propriétés des hommes et des choses?

Les Colons, au contraire, ne se sont-ils pas soumis à tout ce que le gouvernement avait réglé lui-même dans l'intérêt de l'Etat?

N'ont-ils pas accepté l'évaluation donnée à leurs biens, sans cependant avoir été préalablement ni consultés ni entendus?

Leurs biens n'ont-ils pas été abandonnés en toute propriété par un traité de paix à un état étranger?

La France n'a-t-elle pas, par cet abandon, fait cesser l'état de guerre, et évité, par cette concession, les dépenses que lui auraient coûtées les armemens qui, à cette époque, auraient probablement amené une collision fâcheuse entre elle et l'Amérique du nord, et certainement avec l'Angleterre?

Le traité qui a exproprié les Colons n'a-t-il pas fait rompre les négociations entamées pour la vente de leurs biens par un assez grand nombre d'entr'eux avec une compagnie anglaise, ou avec des indigènes qui en sont détenteurs, et qui consentaient à traiter?

Qu'y a-t-il donc de si étrange dans la réclamation de ces malheureux Colons, qui demandent que la France, qui a agi dans son intérêt propre en prenant une mesure qui n'a pas d'exemple dans les annales de la diplomatie, leur paie ou leur garantisse l'indemnité convenue et promise?

Quel droit enfin le Gouvernement français avait-il de leur enlever tous leurs titres de propriétés pour se les approprier, de les détruire et de les remplacer par une liquidation qui ne serait plus qu'un chiffon, si ce même gouvernement, après tant d'actes arbitraires, pouvait encore, sans autres formalités, se rendre juge et partie, et se déclarer irresponsable?

Les Colons ont-ils manqué de respect à la Chambre des Députés, quand quelques-uns d'entr'eux, poussés par le désespoir, se sont adressés avec confiance à elle pour réclamer son intérêt auprès du Gouvernement?

Le droit de pétition serait-il donc devenu, bien décidément, un droit illusoire; et n'aurait-il plus pour les Français d'autre résultat que de provoquer l'hilarité de la Chambre quand on se plaint d'actes arbitraires et de l'inexécution des lois ?

(On rit), dit *le Moniteur*; c'est assurément la première fois, depuis que nous avons une assemblée nationale, que l'on voit les députés de la nation rire des sarcasmes que l'on oppose au récit des malheurs de quinze mille familles françaises qui invoquent la protection des lois.

« Les Colons étaient alléchés par un attrait puissant, » dit encore l'orateur ; ils voyaient les émigrés qui se » faisaient rembourser un milliard pour leurs propriétés ; » ils auraient touché au même titre que leurs compagnons » 150 millions. »

Qu'y a-t-il de commun entre la position des Colons et celle des émigrés ?

Ceux-ci ont été dépouillés par une loi de la révolution ; et si, dans les temps de guerre civile, il y a une patrie pour les partis, les émigrés étaient accusés de porter les armes contre cette patrie ; mais la patrie d'alors s'est cruellement vengée de cet ennemi, car elle a fait rouler sur les échafauds la tête de leurs pères, de leurs femmes, de leurs enfans, et même de ceux qui témoignaient quelque pitié pour tant de victimes ou qui étaient suspectés de leur porter quelque intérêt. La confiscation des biens des émigrés était enfin une des peines prononcées contre eux.

Tout cela se passait, si je ne me trompe, en 1793 et 1794.

Mais à quelle époque les Colons ont-ils été expropriés ? C'est le 17 avril 1825, sous l'empire de la Charte, qui interdit les confiscations, et sous l'empire des lois qui disent que nul ne peut être exproprié dans l'intérêt de l'Etat ou pour cause d'utilité publique sans avoir reçu une juste et préalable indemnité.

Quelle similitude y a-t-il donc entre les Colons et les Émigrés? Il en existe une, il est vrai, c'est la spoliation violente; mais je ne pense pas qu'il puisse entrer dans la pensée de l'orateur, que le Gouvernement nouveau aura jamais le droit de rétablir les confiscations, en assimilant les expropriés dans l'intérêt de l'État, aux émigrés spoliés dans l'intérêt de la révolution et de la République.

Cette nouvelle manière de battre aussi monnaie en 1833, sous l'empire de la Charte, et cette confiscation réelle prononcée en masse contre 15 mille familles françaises, nous rapprocheraient terriblement, il faut en convenir, d'une époque que l'orateur redouterait autant de voir revenir que nous-mêmes.

L'opinion émise, dans cette circonstance, par un homme qui a souvent lutté avec un grand talent et un grand zèle contre l'arbitraire et les lois d'exception, prouve jusqu'où peut être entraîné dans ses improvisations l'orateur le plus spirituel, quand il se laisse dominer par la passion du moment. Car certes ces doctrines sont bien loin de la pensée et des principes de l'orateur qui les a fait entendre.

« Les Colons auraient volontiers demandé, a dit le » même orateur, que la France fît la guerre à leur pro- » fit, et que nous allassions, à travers l'océan, pour » leur refaire des esclaves. »

Il est difficile de pousser plus loin la prévention, je dirai même l'injustice.

Si quelques fous ont rêvé, par fois, la conquête, l'immense majorité des Colons a toujours combattu un système qui n'aurait causé que des massacres et produit que des ruines et des cendres. Et si, dans ces derniers temps, des Colons ont parlé de la possibilité de la guerre avec Saint-Domingue, c'est que probablement ils étaient informés des insultes réitérées faites depuis deux ans par cette République à la France.

C'est qu'ils ont su, qu'au moment où le traité du 2 avril 1831 dont a parlé M. le Ministre des affaires étrangères, avait été présenté au Président de la République, ce traité, revêtu de toutes les formalités voulues pour le rendre définitif, de la part de la France, avait été rejeté avec un insolent dédain.

C'est qu'ils ont su, et qu'ils ont lu dans les publications faites à Haïti, même par ce Gouvernement, que le Président de la République, sans égard pour la ratification et la signature qu'on avait eu l'imprudence de faire mettre d'avance, par le roi Louis-Philippe, à ce traité, avait accompagné son refus d'ironies sanglantes, que les membres de ce Gouvernement se plaisent encore à répéter contre la révolution et notre Gouvernement.

C'est qu'ils ont su, que le Gouvernement d'Haïti par ses communications insolentes, que le Ministre des affaires étrangères se contente de qualifier de rapports peu conformes aux bienséances qui s'observent entre les nations civilisées, avait été jusqu'à imposer en quelque sorte à la France, la condition de faire droit à ses demandes, si on voulait qu'il donnât l'*exequatur* aux Consuls commissionnés par notre nouveau Gouvernement.

C'est qu'ils ont su, qu'en 1831, le Gouvernement d'Haïti avait d'autorité, supprimé le privilége du demi-droit stipulé en faveur de notre commerce, par le traité de 1825, et que sans égard pour les réclamations de notre Gouvernement, il a maintenu sa résolution, et que nos navires paient aujourd'hui, malgré les traités existans, les mêmes droits que les autres nations, comme le Gouvernement d'Haïti l'a ordonné.

Voilà les faits qui auront pu faire dire à des Colons, comme à beaucoup d'autres Français qui en ont eu connaissance, que la France pourrait faire la guerre à Haïti, non assurément pour refaire des esclaves aux Colons, et les réintégrer dans leurs propriétés des hommes et des choses, mais pour soutenir la dignité nationale et venger la France des insultes dont le Gouvernement haïtien a comblé la mesure.

L'orateur et le Gouvernement voyent les choses plus pacifiquement, les Colons n'ont pas assurément à s'en mêler; ils ne pourraient rien gagner à la guerre; mais ils ont bien le droit de repousser les reproches injustes qu'on leur adresse du haut de la tribune, et de se plaindre des sarcasmes, des ironies qu'on leur renvoie pour toute réponse, quand ils demandent justice.

« Enfin, ajoute l'orateur, il y a aussi dans cette affaire » des intérêts privés: car ce n'est pas dans un intérêt » propre que le Gouvernement a stipulé, mais en exer» çant une haute tutelle dans l'intérêt des citoyens Fran» çais; il leur devait protection en stipulant: c'était son » devoir, car un bon Gouvernement est le protecteur » des intérêts des citoyens, partout où cet intérêt est » méconnu ou menacé.

» Les 150 millions ne sont pas le prix de la reconnais» sance; mais la véritable représentation d'intérêts pri» vés. Il ne devait pas entrer un sou dans les Caisses de » l'État, ils étaient attribués aux Colons et devaient être » déposés à la Caisse des dépôts et consignations, pour » être répartis. Dès lors, la position des Colons était

» fixée pour cette somme de 150 millions stipulés dans
» leur intérêt. Vous concevez que maintenant ce droit
» est devenu un intérêt privé, un intérêt acquis, un in-
» térêt déterminé en chiffres; il y aurait imprudence
» extrême, de la part du Gouvernement, à s'engager
» dans une négociation qui aurait pour objet de faire
» une innovation au titre, à un droit, à une pro-
» priété qui ne lui appartient pas. Les Colons pourraient
» se plaindre qu'on a sacrifié une partie de leurs droits,
» il en résulterait, non pas une responsabilité pour le
» Trésor, mais une grande question de responsabilité
» ministérielle relativement aux intérêts privés soit des
» prêteurs, soit des Colons. »

Avec de tels principes, qui sont ceux qui régissent en France les intérêts privés, et qui consacrent l'inviolabilité des propriétés, sauf pourtant la responsabilité ministérielle substituée à la responsabilité de l'État, avec ces principes, dis-je, qui sont la base de notre droit public, que devient le traité du 2 avril 1831, qui porte une innovation remarquable au titre des Colons et à celui des prêteurs? qui impose aux uns et aux autres des conditions nouvelles, et qui détruit même les lois qui ont réglé l'emploi des fonds destinés à l'indemnité?

Si le Gouvernement n'a pas le droit, comme le reconnaît M. Dupin, de changer la condition des Colons, et de toucher aux 150 millions stipulés pour leur indemnité par l'ordonnance du 17 avril 1825; si M. Dupin croit que les 150 millions sont, pour les Colons, un droit acquis, un intérêt privé, et qu'il y aurait pour le Gouvernement une imprudence extrême à s'engager dans une négociation qui aurait pour objet de faire une innovation au titre, à un droit, à une propriété qui ne lui appartient pas, comment M. Dupin peut-il reconnaître que le Gouvernement a pu faire l'abandon des biens des Colons à un Gouvernement étranger, sans être responsable et garant du prix des biens que le Gouvernement étranger devait payer aux expropriés par le traité.

Pour soutenir l'irresponsabilité du Gouvernement, quant à l'abandon des biens et au prix stipulé pour l'indemnité, M. Dupin est obligé, comme tous ceux qui nous ont combattus jusqu'ici, de fonder des théories, de créer un droit nouveau, un droit de circonstance, de faire des raisonnemens plus ou moins spécieux.

Mais pour faire crouler toutes ces théories, tous ces raisonnemens, je ne ferai qu'une seule question.

Existe-t-il dans le droit public de la France, et même dans le droit public de l'Europe, une seule loi, ou un seul article de loi qui dise, qu'il est de certains cas où les Gouvernemens peuvent exproprier des particuliers et disposer de leurs biens, sans leur donner d'indemnité ?

Pour nous répondre, vous serez obligé de créer, comme je le disais, un droit nouveau, et de lui donner même un effet rétroactif, car toutes les lois existantes vous condamnent.

Ou bien le Gouvernement nous répondra peut-être, comme quelques orateurs l'ont déjà fait, nous ne vous avons pas expropriés, vous l'étiez depuis long-temps par le fait quand nous avons fait la paix avec Haïti.

Les Colons reconnaissent qu'ils étaient privés en effet, depuis plusieurs années, de la jouissance de leurs biens par la révolte et par la guerre, comme la France était privée de l'exercice de sa souveraineté.

Mais la France a soutenu, avec grande raison qu'elle n'avait perdu aucun de ses droits, parce qu'elle en avait perdu momentanément l'exercice; les Colons ont-ils perdu leurs droits à la propriété, parce qu'ils en ont perdu aussi momentanément la jouissance? Leurs droits n'étaient-ils pas aussi imprescriptibles que les vôtres.

Vous avez reconnu vous-même, que nous n'avions pas perdu nos droits; Haïti l'a reconnu également, car vous les lui avez abandonnés et elle les a achetés. Vous les avez cédés pour obtenir cette paix que vous vouliez conclure, et vous en avez vous-même fixé la valeur.

Vous auriez pu garder le silence sur nos droits, s'ils étaient périmés; vous auriez pu même vous contenter de cette clause vague et banale qui s'insère ordinairement dans les traités de paix, et dire que les Français conserveraient leurs propriétés, et qu'il leur serait donné un temps déterminé pour les vendre; mais cette clause d'usage n'eut point satisfait l'Etat avec lequel vous aviez besoin de traiter. Il exigeait que l'abandon fût explicite, et vous l'avez prononcé en stipulant que ce gouvernement vous paierait la valeur des biens; et aujourd'hui vous nous dites, qu'avant cette époque nous n'étions déjà plus propriétaires.

Vous ne nous avez pas expropriés, dites-vous, mais vous nous avez pris jusqu'à nos titres de propriété, jusqu'à nos comptes d'administration, jusqu'aux plans de nos habitations. Vous avez exigé que tout vous fût remis, vous avez tout gardé, de sorte qu'il ne nous serait même plus possible aujourd'hui, si cela était nécessaire, de prouver que nous étions jadis propriétaires à Saint-Domingue. Vous nous avez donné en remplacement de nos titres, une liquidation que vous avez réglée vous-même; et quand, armés de cette pièce, nous venons réclamer l'indemnité solennellement convenue et promise, vous nous dites : nous ne vous devons rien, c'est Haïti qui vous doit; et si nous insistons alors pour demander que Haïti soit contrainte à remplir ses engagemens, on nous prête l'absurde idée de vouloir que la France fasse la guerre à notre profit, et qu'elle aille à Saint-Domingue, à travers l'Océan, pour nous refaire des esclaves et nous réintégrer dans nos propriétés des hommes et des choses.

Vous ne nous avez pas expropriés, dites-vous, mais vous vous êtes expropriés en quelque sorte vous-mêmes avec nous; car vous vous êtes ôté le droit de nous protéger, si nous réclamions la restitution de nos biens.

Pouvez-vous nier que nous avons perdu, par votre ordonnance de 1825, qui a été acceptée par Haïti, le droit de disposer d'une manière quelconque, de nos anciennes propriétés ?

Pouvez-vous nier qu'avant votre ordonnance, nous avions cette faculté ?

Pouvez-vous nier que si vous vous adressiez au Gouvernement d'Haïti, seulement à titre de bienveillance pour nous, pour appuyer la demande que nous pourrions faire de nous laisser la libre disposition de nos propriétés, ou obtenir de ce Gouvernement une indemnité, il n'eut le droit de vous opposer l'ordonnance de 1825, qui non-seulement a fait l'abandon de nos biens, mais qui vous a dessaisi du droit d'appuyer nos réclamations.

Comment, après tant de faits, pourriez-vous dire que nous n'avons pas été expropriés par le traité fait avec Haïti en 1825 ? Indiquez-nous donc alors ce qu'il faut pour qu'une expropriation soit complète : car nous, depuis votre ordonnance, nous ne pouvons plus former de prétentions d'aucun genre sur nos biens; et vous, vous vous êtes ôté le droit inhérent à votre puissance, de nous protéger.

Je sais bien que quelques personnes argumentent sur les mots, ils nous disent que dans le traité, la France n'a pas prononcé l'abandon; mais la stipulation du paiement des biens, et l'obligation imposée à la partie contractante de payer ce prix, ne sont-ils pas un abandon prononcé d'une manière assez explicite.

Votre refus, allons au fait, tient à un autre motif, il faut avoir la franchise d'en convenir; il tient à la peur que vous font ces mots et cette somme de 120 millions; et il vous semble plus facile de renier la dette que de la payer.

Cependant, si vous voulez examiner franchement et sans prévention cette affaire, et l'état des choses: si vous voulez la régler comme elle pourrait l'être, il serait facile, tout en remplissant envers les Colons l'obligation que vous imposent l'honneur, la justice et les lois, d'arranger cette affaire de manière qu'il n'en coûtât par le fait, rien à la France, et qu'elle n'eût en réalité aucun sacrifice à faire. C'est encore ce que je me propose de vous démontrer un peu plus tard.

Enfin, M. Dupin, pour appuyer par des raisonnemens les théories qu'il a mises en avant pour prouver que la France ne doit rien aux Colons, fait remarquer à la Chambre, que ce n'est pas dans son intérêt propre, que le gouvernement français a stipulé, mais comme exerçant une haute tutelle dans l'intérêt des citoyens français; il leur devait, dit-il protection, en stipulant.

Ainsi s'il était démontré que le Gouvernement a bien

plus stipulé dans son intérêt propre, que dans celui des Colons, le Gouvernement devrait donc payer l'indemnité ou la garantir. Or, cette preuve est facile à faire.

Toutes les négociations qui ont eu lieu depuis 1816, ont prouvé que le gouvernement d'Haïti, non seulement ne voudrait, mais ne pourrait pas traiter avec la France, si l'abandon des biens n'était pas prononcé. Ce gouvernement se serait même résigné à tous les dangers et aux malheurs que pourrait entraîner une lutte nouvelle, si cette concession n'eût pas été faite. Un traité qui aurait laissé aux anciens propriétaires, comme dans les traités ordinaires, le droit de réclamer leurs propriétés, aurait été considéré par la population, comme un acte de trahison de la part du Gouvernement. La question devenait alors nettement tranchée, et le Président Pétion, comme le Président Boyer, pour qu'il ne soit laissé aucun doute à cet égard, offraient dans les différentes négociations, de stipuler une indemnité dans le traité. Le Président Pétion, en 1815, s'en ouvrit avec moi de la manière la plus franche au Port-au-Prince, quand j'y fus envoyé par le Roi Louis XVIII. Il n'y avait donc pas de traité possible sans cette condition, et vous avez dû y consentir.

Quant à la stipulation de 150 millions convenus pour l'indemnité, en échange des biens abandonnés à la République, cette stipulation a été faite autant dans l'intérêt de la France que dans celui des Colons. Car le Gouvernement sacrifiant à la politique de l'État, les propriétés de 15 mille familles, savait bien que les expropriés réclameraient de lui l'indemnité que leur assurent la Charte et les lois: et il se couvrait ainsi des sommes qu'il devait rembourser.

Quand plus tard il a déclaré et fait déclarer par une loi, que les 150 millions qu'il se ferait donner par Haïti, seraient affectés intégralement, et sans aucune réduction, aux Colons expropriés, et leur seraient payés par cinquième en cinq ans; les Colons ont accepté cette évaluation et cet arrangement; mais ils n'ont assurément renoncé à aucun de leurs droits à charge de l'Etat qui les a expropriés, ni à user de ceux que leur donnent les lois, si le paiement promis par Haïti à la France, ne s'effectuait pas. La France, par l'arrangement qu'elle faisait avec Haïti, recevait d'une main ce qu'elle donnait de l'autre; elle payait pour ainsi dire sans bourse délier, et sans grever les contribuables; elle traitait donc encore dans son intérêt.

Dans le traité qui avait été fait avec Haïti en 1829, la même position était gardée. Des annuités de 3 millions 600 mille fr., et un million 200 mille fr. d'amortissement étaient remises à la France, qui de son côté aurait dû remettre aux Colons une rente égale; et tous les intérêts se trouvaient garantis. C'étaient ce que M. Laffitte lui-même proposait en 1828. Les lois sur l'inviolabilité des propriétés étaient respectées, et les contribuables, par le fait, ne se trouvaient pas grevés; car Haïti, en tout temps, quand la France exigera qu'elle tienne religieusement ses engagemens, pourrait payer cette indemnité ainsi réduite.

Les orateurs, qui je crois ignoraient le véritable état des choses et les faits que j'ai rapportés, ont trouvé que l'état n'était nullement engagé envers les Colons. Le gouvernement, a dit M. Dupin, n'a pas stipulé dans son intérêt propre, mais comme exerçant une haute tutelle. Il a agi en vertu de cette tutelle gouvernementale, qui l'oblige à protéger tous les Français partout et dans tous les pays.

Mais quelle est donc cette haute tutelle gouvernementale, qui dépouille de leurs biens les citoyens que le gouvernement doit protéger. Quel est donc ce tuteur qui donne les biens de ses pupiles comme prix de la paix qu'il veut conclure, qui pousse la sollicitude jusqu'à liquider lui-même les droits des expropriés, qui exige la remise de tous leurs titres, qui leur remet en échange un chiffon appelé liquidation ; et qui après, vient dire à ses pupiles qui réclament une indemnité : « J'ai abandonné » il est vrai vos biens, pour arranger mes affaires per- » sonnelles, mais je ne vous dois rien ; vous n'avez le » droit ni de vous plaindre, ni de vous adresser à moi pour » vous faire payer ou indemniser. J'ai exercé à votre égard » un acte de haute tutelle, par suite de la protection que » je dois à tous les citoyens. N'invoquez ni la Charte, ni les » lois qui garantissent en France l'inviolabilité des pro- » priétés, et qui interdisent au gouvernement d'en » disposer, soit dans l'intérêt de l'État, soit pour cause » d'utilité publique, sans payer une juste et préalable » indemnité. Toutes ces lois et cette Charte doivent » se taire devant une haute tutelle gouvernementale. »

Si ce droit nouveau et cette doctrine peuvent prévaloir sur notre acte fondamental et nos autres lois, que Dieu préserve alors les peuples de la haute tutelle gouvernementale du gouvernement représentatif.

Tels sont cependant les argumens auxquels est obligé d'avoir recours un des hommes les plus érudits et les plus spirituels de France, quand il s'agit de repousser, dans l'intérêt mal entendu du fisc, une demande appuyée sur les lois. Il est, comme je le disais tout à l'heure, obligé d'inventer des théories et de créer un droit nouveau. Mais tout porte à croire que cette affaire ne lui était qu'imparfaitement connue, et plein de confiance dans ses lumières et dans sa justice, je n'hésiterais pas encore, pour mon compte, malgré la dureté de ses paroles contre ces malheureux Colons, qu'il considère comme des vampires, à le rendre juge de nos intérêts et de nos droits, et j'en appellerais à lui-même de sa sentence.

Les Colons ne doivent cependant pas se déscspérer de cet échec. La justice n'est pas bannie de notre patrie ; ils trouveront des juges impassibles comme la loi, qui ne seront mus ni par des considérations politiques ou particulières, ni par le désir de complaire à l'autorité ; et le gouvernement finira lui-même par comprendre que la soumission des peuples tient au respect que les gouvernemens ont eux-mêmes pour la justice et pour les lois.

M. Laffitte, qui avait parlé dans le commencement de cette discussion, mais qui ne s'était attaché qu'à faire valoir les droits des contractans de l'emprunt et des porteurs de ses obligations, a pris la parole après M. Dupin ; et il a fait, dans cette seconde improvisation, un aveu précieux à recueillir par les Colons et même par le gouvernement.

Il a reconnu que l'emprunt était une opération étrangère à l'Etat, que jamais il n'avait existé de réclamation de sa part auprès du gouvernement, prétendant qu'il était garant de l'emprunt.

Je ne discuterai pas ici cette assertion. J'ai dit une partie de ce qui s'est passé à cet égard lors de la négociation de 1828, quand M. Laffitte était chargé de négocier pour Haïti : mais je ne puis laisser tomber cette déclaration, qui établit suffisamment que le gouvernement n'est pas garant de l'emprunt.

Je demanderai alors comment, sous son ministère, dans la négociation commencée et suivie en 1830, et terminée le 2 avril 1831, on a pu sacrifier entièrement les Colons à l'emprunt.

Comment on a pu donner à l'emprunt un privilége sur les Colons, et le droit de toucher, par préférence, des sommes qui leur étaient affectées par deux lois.

Comment on a pu faire reconnaître à la France, dans un traité qu'on soumet d'avance à la ratification du Roi, que c'est à elle que Haïti doit l'emprunt!

Comment, enfin, a-t-on pu exposer la France à devenir bien réellement obligée envers les contractans de l'emprunt et les porteurs de ses obligations; car si c'est à la France que Haïti doit, et si elle paie la France en annuités, Haïti ne doit plus rien aux porteurs de ses obligations, car elle ne peut devoir deux fois la même somme.

Ce traité, comme on le voit, est en opposition avec la déclaration de M. Laffitte, qui reconnaît que l'emprunt est une spéculation particulière étrangère à la France. Elle devrait suffire pour prouver à M. le ministre des affaires étrangères combien le traité du 2 avril 1831 est impolitique et dangereux pour la France, puisqu'il a pour résultat de l'engager dans une affaire qui n'était pas une affaire de l'Etat, et de l'exposer à devenir responsable d'une somme excédant 38 millions.

Après avoir entendu M. Laffitte, la Chambre impatiente a fermé la discussion sans vouloir même laisser parler un orateur qui voulait se faite entendre, à ce qu'il paraît, dans l'intérêt des Colons; et la Chambre a refusé même le très-innocent renvoi au conseil des ministres, et a passé à l'ordre du jour.

SÉANCE DU 11 FÉVRIER 1833.

Dans la séance du 11 février dernier, M. Laffitte a fourni les renseignemens qu'il avait annoncés sur le paiement fait en 1830 par le Trésor, sous son ministère, aux banquiers qui avaient avancé cette somme à Haïti, pour le paiement des intérêts de l'emprunt.

La Chambre a admis cette dépense; son approbation a été motivée sur la garantie donnée par M. de Villèle d'abord, et ensuite par M. de Chabrol. En conséquence, un bill d'indemnité a été donné à M. Laffitte pour l'irrégularité commise dans le mode de paiement. Il n'en demeure pas moins bizarre que ce soit la France qui soit appelée à payer les intérêts de l'emprunt d'Haïti. Les Colons n'auraient pas à relever cette bizarrerie; mais ils peuvent être étonnés qu'on se montre plus bienveillant pour Haïti que pour eux, et de voir la Chambre qui déclare que la France doit payer une dette de la République, passer à l'ordre du jour sur la demande d'un grand nombre de familles françaises qui réclament le paiement d'une indemnité garantie par les lois.

Le bill d'indemnité dont je félicite M. Laffitte, car je suis loin de vouloir l'attaquer personnellement, a cependant quelque chose d'effrayant pour les Colons et de fort inquiétant pour la France ; car un des titres sur lesquels on s'est fondé pour se montrer facile, est non seulement la garantie donnée par M. de Villèle, mais le traité du 2 avril 1831. Ce traité a été cité par M. Laffitte et par quelques orateurs.

On s'est appuyé, pour obtenir ce bill d'indemnité, sur l'intérêt commercial et financier. Cet intérêt financier regarde uniquement les prêteurs, car la France, aussi bien que les Colons, avaient un intérêt contraire, et sont fort compromis par le traité et par ce bill d'indemnité accordé par la Chambre. Le paiement de 5 millions approuvé par la Chambre fournira un titre que les mêmes créanciers pourront invoquer avec avantage pour soutenir une autre prétention.

La somme de 4 millions 904,000 francs, dont on a demandé le remboursement à cause de la garantie donnée par un ministre, n'est pas la somme seule qui soit considérée comme due par la France ; ce n'est pas la seule somme pour laquelle on a substitué la France au créancier primitif d'Haïti ; il y en a encore, comme on l'a vu, une autre de 33 millions 376,000 francs, classée de même dans le traité et dans le même article, et pour laquelle on subtitue la France comme créancière d'Haïti au lieu et place des prêteurs. Et certes, le titre que les contractans de l'emprunt pourront invoquer pour soutenir que l'emprunt était une affaire de l'Etat est bien plus fort que la garantie, qui a paru suffisante, car cette garantie ne résultait que d'une correspondance privée d'un ministre qui agissait en son nom, sans faire paraître en rien le Gouvernement. Le traité du 2 avril, au contraire, dans lequel on reconnait que c'est à la France que la République doit l'emprunt qui avait été fait par

M. Laffitte et compagnie, est un acte auquel tout le gouvernement a pris part. Il est signé par un plénipotentiaire et ratifié et signé par le Roi, et contresigné d'un ministre; et, quoique ce traité n'ait pas été accepté par le Président d'Haïti, il n'en résultera pas moins, au profit des contractans de l'emprunt, que le gouvernement de France et le Roi lui-même ont reconnu un fait, c'est que c'était à la France et non aux contractans de l'emprunt que cet emprunt était dû; et, par conséquent, ceux-ci, n'étant que les fondés de pouvoir ou les prête-noms, la France, à défaut d'Haïti, doit les rembourser; et, comme je l'ai fait remarquer, le titre est bien autrement explicite que la garantie de M. de Villèle, qu. la Chambre a regardée comme suffisante pour obliger le Trésor.

N'aurait-il pas été convenable, du moment qu'on s'appuyait non-seulement sur la garantie, mais sur le traité du 2 avril 1831, pour faire approuver le paiement fait par le Trésor, de produire ce traité à la Chambre; elle aurait vu du moins jusqu'où la France allait se trouver engagée.

Si j'insiste sur le danger que peut avoir la décision de la Chambre pour la France, c'est ce que je me rappelle fort bien, je pourrais même citer la Lettre ou le Mémoire produit sous le ministère de M. La Ferronnais, dans lequel on soutenait entr'autres que les 24 millions versés au Trésor par les banquiers n'étaient qu'un dépôt dont le gouvernement était responsable, et qu'il n'avait pas le droit d'en disposer pour payer les colons sans l'aveu des prêteurs. Cette prétention avait été écartée. Mais que les contractans de l'emprunt la fassent revivre aujourd'hui, et qu'ils soutiennent que c'était sous la garan tie du gouvernement qu'ils prêtaient, que c'était encouragés par M. de Villèle qu'ils ont fait cet avance, qu'ils en donnent pour preuve que le gouvernement, dans un acte diplomatique revêtu de la ratification du Roi Louis-Philippe, a reconnu qu'en effet c'était à la France que l'emprunt était dû, je ne vois pas ce que le gouvernement pourra répondre, quand surtout la Chambre a admis le remboursement des cinq premiers millions compris dans ce traité.

J'ai déjà cité l'article de ce traité, qui du reste n'est plus une chose secrète, il est bon de le citer encore.

L'article 1er est ainsi conçu :

« La dette de Haïti *envers la France* se compose : 1° de » 120 millions 700 mille francs encore dus pour l'indemnité, 2° de 4 millions 848 mille francs, pour les » avances faites par le Trésor de France pour le service » de l'emprunt ; 3° des obligations non remboursées de » l'emprunt montant à 27 millions 600 mille francs, et » des intérêts qui sont ou seront dus sur cette somme, » depuis le 31 décembre 1828, jusqu'au 31 décembre » 1831, montant à 5 millions 796 mille francs, ce qui » fait, en capitalisant toutes ces sommes, 33 millions » 796 mille francs. »

Ainsi dans ce traité il est bien reconnu, que les avances faites par le Trésor et l'emprunt, sont dus à la France, comme l'indemnité. Que c'est par conséquent à elle, ou pour elle, que l'emprunt a été fait, et les contractans de l'emprunt qui en ont fait l'avance à Haïti, comme ils avaient fait l'avance des 5 millions, auront autant de droit pour réclamer les 33 millions 376 mille francs, qu'ils en ont eu pour se faire rembourser des 5 millions.

Toute cette affaire, comme on le voit, n'est pas si

simple que la légèreté des débats a semblé le faire croire, et certes elle n'a été ni examinée ni discutée comme elle aurait pu l'être, si toutes les pièces relatives non-seulement à la garantie donnée par M. de Villèle, mais encore celles relatives aux deux dernières négociations avec Haïti, avaient été communiquées à la Commission et à la Chambre.

C'est cependant, non-seulement au détriment de la France, mais au détriment des Colons, que se font tous ces arrangemens et toutes ces largesses, car on donne par le même traité au Trésor et à l'emprunt, un privilége sur eux. Ils ont donc bien le droit de provoquer l'attention du public et des Chambres sur cette affaire, que très peu de personnes connaissent encore.

En effet, comment et par qui se discute toute cette affaire d'Haïti, toutes les fois qu'elle se présente à la Chambre. C'est toujours par le fondé de pouvoirs de la République, par M. Laffitte; il faut cependant que nous disions ici la vérité, dans l'intérêt de tant de milliers de familles qui sont victimes de cette manière de discuter.

M. Laffitte qui instruit ordinairement la Chambre et ses Commissions, a trois qualités qui lui donnent le droit de se mêler de cette affaire.

La première, c'est celle de défenseur et de fondé de pouvoirs; la seconde, c'est celle de banquier de la République; la troisième, qui lui permet de monter à la tribune et de parler à la France et même à Haïti; c'est celle de député, qui le rend aussi juge dans une cause dont il est partie.

Ne serait-il pas convenable, à cause de ces deux premières qualités, qu'il s'abstînt comme juge, ou qu'étant juge, il s'abstînt comme avocat ou solliciteur?

Les Colons au contraire sont abandonnés, ils ne connaissent que leurs droits et les lois sur lesquelles ils se fondent Si M. Laffitte allègue devant la Chambre, des faits que sa mémoire peut rendre plus ou moins inexacts, les Colons n'ont personne pour le redresser, pour lui répondre; ils ne peuvent, comme les députés, feuilleter les dossiers des Ministères, ou demander des communications de pièces; et ils se trouvent, en quelque sorte, jugés sans avoir été ni entendus ni défendus.

C'est ce qui est arrivé dans la séance du 29 décembre dernier, et dans celle du 11 février de cette année, M. Laffitte qui a exposé les faits, a tout confondu; les faits, les dates, les époques, les traités. Il a même gardé un silence bien singulier sur le traité du mois d'avril 1829, auquel a été substitué, sous son ministère, celui du 2 avril 1831. Il n'en a parlé qu'indirectement, pour dire que ce traité avait été refusé par le Gouvernement d'Haïti, tandis qu'au contraire il avait été accepté, signé par tous les membres du Gouvernement et ratifié par son Président.

« La garantie, a-t-il dit, n'a pas été une simple opé-
» ration de Trésorerie, il s'agit d'un traité politique,
» commercial et financier.

» M. de Villèle consentait en conséquence à créer
» 3,600,000 francs de rentes à 3 p o/o, et à solder avec
» l'indemnité et l'emprunt.

» M. Roy, successeur de M. de Villèle, adopta, par
» malheur, un autre système, M. Roy voulait au contraire
» 3,600,000 francs d'annuités pour l'indemnité seule
» avec privilége, mettant à l'écart l'emprunt et l'avance,
» arrangement injuste et qui *ne pouvait pas être accepté*.

» Haïti répondit, et son opinion est la justice même,

» nous entendons et nous avons toujours entendu que ce
» qui est relatif à l'emprunt soit payé par préférence et
» privilége sur ce qui est relatif à l'indemnité, et cela
» par une raison d'éternelle justice, c'est qu'il faut tou-
» jours répondre à une dette d'honneur, et de confiance,
» plutôt qu'à un engagement politique.

» *Et l'arrangement fut retardé.* »

Il est bien fâcheux assurément pour les Colons et pour les créanciers de l'emprunt, que le projet dont parle M. Laffitte n'ait pas été réalisé : mais M. Roy, en refusant d'accepter cet arrangement de M. de Villèle, s'il lui a été proposé, et dont on ne justifiait d'ailleurs qu'en rapportant une conversation, agissait comme gardien fidèle des intérêts du Trésor. Il ne voulut jamais, je me le rappelle fort bien, admettre comme cela s'est fait en 1831; que *c'était la France qui était créancière d'Haïti pour l'emprunt*; il ne voulait pas rendre la France responsable envers les porteurs des obligations d'Haïti, en changeant toutes les conditions de leur contrat. Il n'a jamais voulu considérer cette affaire de l'emprunt, que comme une spéculation particulière, étrangère à l'État. Je suis même convaincu que s'il avait été Ministre en 1831, il se serait rappelé tout ce qui s'est passé à ce sujet en 1828 et 1829, et jamais il n'aurait consenti à ce traité.

Quant au rejet fait par Haïti, de la proposition de se libérer en annuités de 3,600,000 francs pour l'indemnité seule, c'est une erreur grave que M. Laffitte a fait partager à la Chambre. Ce traité au contraire, comme je l'ai dit, a été signé et ratifié par Haïti, au mois d'avril 1829, et c'est ce traité sur lequel on garde, en général, un silence si mystérieux. Ainsi, première erreur de M. Laffitte.

Il s'est trompé également sur les dates et sur les faits, quand il cite à l'appui du refus qu'il dit avoir été fait par Haïti de payer en annuités de 3 millions 600 mille francs, cette réponse du Gouvernement haïtien, où il est dit: « Nous entendons et nous avons toujours entendu » que ce qui est relatif à l'emprunt soit payé par pré- » férence, etc. » Cet exposé de principe se trouve dans une lettre du Président écrite en 1828, à l'occasion de la négociation qu'il chargeait M. Laffitte d'entamer. Le Président ne pouvait écrire rien de semblable à l'occasion d'un traité qu'il acceptait en 1829.

Quand M. Laffitte parle à la Chambre de la politique du Gouvernement d'Haïti, et des dispositions qu'il a montrées à l'occasion de la révolution de juillet, les faits qu'il cite sont tous aussi erronés.

« Arriva la révolution de juillet, dit-il, le Gouverne- » ment haïtien qui jugea cette révolution heureuse pour » lui, *s'empressa d'envoyer* un Commissaire, et le Mi- » nistère du 3 novembre ouvrit des négociations avec » lui. »

J'avoue que rien ne m'a plus surpris que cette autre erreur de M. Laffitte sur un fait cependant bien simple et assez étranger à la question.

L'envoyé d'Haïti, loin d'avoir la mission de négocier un nouveau traité, était chargé de demander quelques explications sur un des articles du traité de 1829, et d'obtenir quelques faveurs à l'introduction des denrées qui devaient être envoyées en paiement. J'ai cité ce que le Président dit à ce sujet dans sa proclamation du 12 juin 1831.

Loin d'être venu à cause de la révolution de juillet,

cet envoyé était parti d'Haïti au mois de mars ou d'avril 1830, et était à Paris dès le mois de juin.

Loin d'avoir été chargé de négocier le nouveau traité qui a été conclu avec lui le 2 avril 1831, le Président dans cette même proclamation du 12 juin 1831, l'a blâmé publiquement, l'a exilé et désavoué, en déclarant qu'il était sans pouvoir pour traiter avec le nouveau Gouvernement. Voici même ce qu'il dit de son agent : « Il » avait ordre de ne séjourner qu'un mois à Paris, il n'a- » vait même pas été admis à discuter la proposition qu'il » était chargé de faire lors de la révolution qui changea » le trône des Bourbons. Si par cet événement, il fallait » nécessairement d'autres pouvoirs à ce Commissaire, » pour être en droit de continuer sa mission, on conçut » ici néanmoins les plus grandes espérances sur les avan- » tages du système libéral que devait nécessairement » adopter à notre égard la France régénérée. En effet, » pouvait-on avoir une autre pensée en voyant appeler à » la tête du gouvernement de ce royaume, les hommes » remarquables qui, tant de fois à la tribune, comme » par leurs écrits, proclamaient des principes en faveur » d'Haïti, et considérant sous un point de vue plus élevé » les relations entre Haïti et la France, condamnaient » hautement les exigences exorbitantes du gouverne- » ment déchu.

» Contre cette attente, l'agent haïtien prit sur lui » d'outrepasser sa mission, rapportant après un an d'ab- » sence, deux traités qu'il n'était pas autorisé à sou- » scrire. »

Conçoit-on, quand on lit cette déclaration du Président d'Haïti, que M. Laffitte ait pu dire à la Chambre que ce Gouvernement, en apprenant la révolution de juillet, s'empressa d'envoyer un Commissaire pour ouvrir une négociation avec le nouveau gouvernement. Il est difficile, comme on le voit, de commettre plus d'erreurs dans l'exposé des faits qui a été fait à la Chambre sur nos relations avec la République d'Haïti. Je m'en tiendrai à ces citations, je pourrais relever des erreurs encore plus graves, je m'en abstiendrai.

Il est bon à présent de faire observer, que c'est principalement depuis que l'emprunt est venu s'accoller à l'indemnité, que l'affaire d'Haïti est devenue plus embarrassante pour la France. Et c'est aussi depuis que M. Laffitte est devenu le défenseur et le fondé de pouvoirs de cette République auprès de la France, que la France a fait concessions sur concessions, qu'elle a renouvellé les négociations, conclu de nouveaux traités que Haïti a toujours éludés au moment de l'exécution. C'est aussi depuis cette époque, que les Colons ont été de plus en plus maltraités, et que l'opinion des Chambres, sans entrer dans le moindre examen de leur affaire, leur est devenue plus défavorable. Cependant M. Laffitte a toujours dit que personne plus que lui, ne portait d'intétêt aux Colons, et les Colons n'ont rencontré nulle part un plus redoutable adversaire. Les faits vont démontrer encore ce que j'avance.

Le système d'Haïti, depuis que M. Laffitte est leur fondé de pouvois, est fort simple; il est bon cependant de le faire connaître.

Avant lui, Haïti écrivait sans cesse au Gouvernement, on peut le vérifier aux affaires étrangères, qu'elle remplirait tous ses engagemens; qu'elle ne voulait pas même de réduction sur sa dette, mais qu'elle ne demandait que des délais et d'autres époques de remboursement. Je reconnais bien positivement que Haïti était de mauvaise foi, et qu'elle n'avait nulle envie de tenir ses promesses.

Mais depuis, le système d'Haïti est changé, il a été plus franc et plus habile, et la négociation a été dirigée vers deux buts.

Le premier a été de décharger le plus possible la République des obligations contractées par elle pour l'indemnité.

Le second a été de faciliter, par ce premier moyen, le paiement de l'emprunt.

Fidèle à ce système, M. Laffitte dit aux Colons, aux Chambres, au gouvernement et par la tribune à la France : « Haïti ne peut payer cependant qu'avec ce » qu'elle a, et elle n'a rien.

» Nous nous sommes tous trompés, la France s'est » trompée en demandant à Haïti plus qu'elle ne pouvait » tenir.

» Et ma compagnie s'est trompée aussi en prêtant à » 8 p. o/o à un gouvernement qui n'a rien, et qui depuis quatre ans ne paie pas même les intérêts de son » emprunt.

» Ainsi que faire ?

» Il faut accepter encore ce que Haïti vous offre, elle » vous donnera 45 millions payables en 45 ans, sans intérêts, à raison d'un million par an au lieu de trois » millions 600 mille francs qu'on lui demandait en » 1828, ou des 4 millions promis par le traité fait sous » mes auspices en 1831. Quant à l'emprunt, elle le » paiera intégralement, parce que, ainsi qu'elle l'observe avec beaucoup de discernement et de justice, » c'est une dette d'honneur et l'autre est une dette politique.

Enfin M. Laffitte fait un si piteux récit de la misère d'Haïti, que les députés et le gouvernement s'attendrissent, et qu'ils sont disposés à ne rien demander du tout.

Cependant, quand cette opinion sera bien propagée et que le gouvernement se sera laissé aller aux démonstrations de M. Laffitte, qui a l'avantage de se faire entendre seul, alors Haïti sera libérée, M. Laffitte aura bien mérité de cette République, à laquelle les intérêts d'un grand nombre de familles seront sacrifiés ; et comme ce gouvernement n'aura plus d'autre charge que celle de l'emprunt, il le paiera *peut-être*, et alors tout aura été arrangé pour le mieux.

Cependant, si les créanciers d'Haïti s'effrayent quand ils entendent M. Laffitte parler de la misère d'Haïti, qui ne lui permettra peut-être pas de payer même un million par an, pendant quarante-cinq ans ; ils doivent se rassurer, quand M. Laffitte parle de la sécurité où doivent être le Trésor et la France, pour le remboursement des avances qu'il a faites à Haïti.

S'agit-il de la garantie pour les sommes prêtées ? Cette garantie n'est en quelque sort[illegible], qu'une simple formalité, car Haïti aura fait des envois suffisans pour solder ces avances, avant même que l'époque où la garantie pourra s'exercer soit arrivé.

S'agit-il de faire payer par le Trésor, par anticipation en 1830, une dette qu'il ne devrait payer qu'en décembre 1834 ? Que risque le Trésor ? Il va in[illegible]venir au traité qui obligera Haïti au rembourse[illegible] *[illegible]ant* de cinq millions, et les fonds pourront a[illegible] Haïti en même temps que le paiement des bons du Trésor.

Cependant deux ans après l'échéance des bons, les fonds ne sont pas arrivés, le traité qui devait assurer le remboursement *immédiat* des 5 millions au Trésor, est rejeté par Haïti avec un insolent dédain, et on n'en dit rien à la Chambre; et si encore on examine ce traité, on voit que le remboursement qu'on annonce, comme devant être immédiat, d'après ce traité, ne devait se faire cependant que dans l'espace de deux ans et demi, avec un intérêt de 3 pour o/o.

Quant au blâme que pourrait attirer le paiement fait par anticipation, il n'y a pas même de prétexte dans le danger qu'a pu courir le Trésor, il n'en a courru aucun; *toujours le débiteur a offert et offre encore le remboursement de l'avance, à la signature du traité*, et *aujourd'hui encore il veut et peut payer.*

Ainsi, quand M. Laffitte discute sur le paiement de l'indemnité, et lorsque la France exige les sommes dues, en donnant à Haïti toute facilité pour les payer, il y a de la barbarie, de la cruauté, à exiger de cette République ce qu'elle a promis dans divers traités; *comment peut-on exiger ces sommes de* 8 *à* 900 *mille habitans sans capitaux, sans industrie, occupant un pays ruiné par la dévastation et par la guerre?*

S'agit-il de faire payer la France pour cette République; le Trésor ne court aucun danger, la République peut et veut payer, les galions sont en route, ils arriveront même avant les époques du remboursement.

Voilà trois ans que ces galions voyagent et qu'on promène la France avec eux, et cependant ils n'arrivent pas. Ces contradictions ont pourtant, il faut être juste, quelque chose de rassurant; elles prouveront aux créanciers d'Haïti que leur affaire n'est pas désespérée. Pour nous rassurer tout-à-fait, examinons à présent quelles sont les ressources d'Haïti.

DES RESSOURCES D'HAITI

POUR REMPLIR SES ENGAGEMENS, SOIT ENVERS LA FRANCE, SOIT ENVERS LES PORTEURS DE SES OBLIGATIONS DE L'EMPRUNT. — POLITIQUE DE CE GOUVERNEMENT.

Sous le ministère de M. de la Ferronnais, en 1828, il avait été bien convenu que Haïti, depuis surtout que la voie des emprunts lui était fermée, était dans l'impossibilité de payer les 120 millions encore dus pour l'indemnité, à raison de 30 millions par an.

Le gouvernement d'alors consentit en conséquence à donner à la République les délais convenables, et il ne pouvait mieux faire que de régler les paiemens et les sommes, sur les offres faites par M. Laffitte, au nom de ce gouvernement.

L'examen qu'on fit avec l'envoyé d'Haïti, et du budget de son pays, et des mesures qu'il annonçait, comme ses prédécesseurs l'avaient dit aussi, devoir être prises par leur gouvernement, pour accélérer la libération de la République, aurait suffi pour donner au gouvernement du Roi la conviction que la proposition de payer en annuités de 6 millions 500 mille francs l'indemnité et l'emprunt, n'était pas au-dessus des forces de ce pays. Mais ce qui dut l'en convaincre, c'est que la proposition était faite par un homme qui devait inspirer toute confiance; car l'on devait croire d'après sa loyauté, qu'il n'aurait pas consenti à engager son gouvernement dans une affaire qui aurait pu compromettre les intérêts de la

France, si Haïti avait été hors d'état de remplir l'engagement qu'on allait contracter avec elle. On reçut donc les propositions.

Mais le gouvernement du Roi ayant reconnu les inconvéniens qu'il y aurait à intervenir, d'une manière quelconque, dans l'opération de l'emprunt, ne voulut traiter que pour ce qui concernait l'indemnité, et l'on convint avec Haïti qu'on ne prendrait sur les 6 millions 500 mille francs offerts, que 4 millions 800 mille francs pour le paiement des intérêts à 3 pour o/o du capital de 120 millions et l'amortissement; et M. Mollien fit au Port-au-Prince, au mois d'avril 1829, le traité sur cette base.

Pour garantir l'exécution du nouvel engagement que la République venait de contracter, il avait été convenu avec notre consul que ce gouvernement lui remettrait tous les ans un nombre suffisant de rescriptions sur ses douanes, dont la plus élevée serait de 200 gourdes, afin de les mettre en rapport avec les opérations commerciales des autres nations avec la République. Ces rescriptions devaient être reçues comme argent par le Trésor d'Haïti, en paiement des droits dus, soit par les négocians français, soit par les autres étrangers; le Consul les aurait remises aux uns et aux autres, qui lui auraient donné des traites à vingt jours de vue sur leurs maisons d'Europe. Le commerce de toutes les nations recevait ainsi, par cet arrangement, un grand avantage; et le traité de 1829 était au moment de recevoir, sous ce rapport, un commencement d'exécution.

L'on voit déjà qu'avec ses ressources ordinaires, si Haïti ne s'était pas laissée arriérer dans ses paiemens, elle avait le moyen de remplir ses engagemens. Je le démontrerai d'une manière plus évidente encore, quand je parlerai de ses ressources extraordinaires.

Mais avant de me livrer à cet examen, je crois devoir dire un mot de son épargne au Trésor.

Depuis 1826, Haïti n'a plus rien payé à la France, et depuis le mois de juin 1828, elle n'a plus rien payé à l'emprunt.

Son épargne doit donc être considérable, car en 1828, quand le banquier de la République pressait la France d'accepter des annuités de 6 millions 500 mille francs; il avait nécessairement la certitude que ces annuités seraient payées. Or, comme depuis cette époque, Haïti n'a rien payé à la France ni à l'emprunt, et que ses dépenses intérieures ne sont pas augmentées, elle doit avoir amassé des sommes considérables.

Il est notoire aussi, qu'à la mort de Christophe, et malgré le pillage du Trésor qu'il avait amassé à la Ferrière, le gouvernement du Port-au-Prince en avait retiré 15 millions.

En admettant que sur cette somme, Haïti eût pris, comme cela doit avoir eu lieu, les 5 millions 300 mille fr. envoyés en France pour compléter les 30 millions du premier cinquième, et qu'à la mort de l'économe et prévoyant président Pétion, il n'y eût aucune épargne dans le Trésor, il devait y avoir, en 1828, au moins les 9 millions 700 mille francs provenant du Trésor de Christophe.

Au surplus il est également notoire, que le gouvernement d'Haïti et ses agens, avouent une réserve de 10 millions; et comme il entre dans la politique de ce gouvernement de se dire toujours pauvre et sans ressources, il est certain qu'il n'exagère pas dans cette circonstance, et que s'il avoue qu'il a une réserve de 10 millions, il a bien certainement cette réserve au moins, et il pourrait, s'il avait, comme le dit M. Laffitte, un si grand désir de se libérer, commencer par employer cette somme au paiement de l'arriéré de son emprunt.

DES AUTRES RESSOURCES DE LA RÉPUBLIQUE.

A ces ressources ordinaires actuelles, qui peuvent se tirer de ses douanes principalement, on pourrait y joindre le produit des économies qu'il pourrait introduire dans son administration intérieure, surtout par la réduction de son armée; pour la mettre en rapport avec ses besoins réels; et ses économies fourniraient à elles seules, de quoi payer à la France les annuités convenues dans le traité de 1829.

Je pourrais m'en tenir à ces indications, j'ajouterai cependant, que dans les diverses négociations qui ont eu lieu, les Haïtiens n'ont jamais manqué de nous donner, comme moyen d'ajouter aux ressources actuelles les économies que pourrait faire leur gouvernement et qu'il comptait introduire dans diverses branches du service public; et c'était surtout sur la réduction de l'armée qu'il comptait principalement pour augmenter les ressources du Trésor. Ainsi, quand j'indique ces économies, je ne fais, en quelque sorte, que répéter ce qu'à toutes les époques, les envoyés haïtiens indiquaient eux-mêmes.

Mais ce petit État a bien d'autres ressources, qui n'entrent pas en ligne de compte, et qui sont en dehors de son budget, et qui, si elles étaient bien administrées, suffiraient aussi pour payer ses dettes de toute nature et mettre ce pays dans la situation la plus prospère.

Saint-Domingue était citée jadis avec raison, comme l'île la plus fertile des Antilles. Les terres laissées en friche depuis trente ans, sont aujourd'hui vierges en quelque sorte, et offriraient à l'industrie agricole les récoltes les plus abondantes en tout genre.

Au lieu de tirer parti de cette richesse, le Gouvernement paralyse l'industrie, il repousse tout ce qui pourrait faire fleurir l'agriculture, il maintient tout en friche, il laisse tomber en ruines les maisons des villes, comme les édifices publics; et s'il se fait par un Européen, de concert avec un Haïtien, quelqu'entreprise industrielle ou agricole, ce ne peut être qu'en fraude des lois. Ce riche territoire devient un trésor inutile au pays comme au commerce, dans les mains d'un Gouvernement qui calcule sur la misère du peuple pour se soustraire à ses engagemens.

Si les hommes placés à la tête des affaires voulaient attirer dans ce riche pays les capitaux, au lieu de maintenir le système sauvage qu'ils ont adopté, ils commenceraient par modifier, comme je l'ai dit, et comme le président Pétion en avait la pensée, cette législation exclusive qui fait du peuple d'Haïti, une caste séparée de tous les peuples civilisés du globe.

Si ce gouvernement voulait aliéner chaque année,

une partie de propriétés nationales qu'il a affectées d'ailleurs comme garantie à son emprunt, s'il était permis aux Anglais, aux Français, aux Allemands et aux hommes de toutes les nations, comme cela a lieu dans tous les pays civilisés, d'aller porter à Haïti leur industrie et des capitaux ; ce sol jadis si fertile, cesserait bientôt d'être en friche, et produirait des récoltes abondantes, qui fourniraient des moyens d'échange au commerce de toutes les nations.

Le prix des ventes annuelles faites avec une sage mesure pour ne rien perdre des avantages qu'offre cette ressource, suffirait pour faire face aux charges de l'emprunt, comme à celles de l'indemnité. L'augmentation de culture et de commerce qui en serait la suite, fonderait chaque année des revenus solides et progressifs au profit du Trésor. La population qui vit dans la fainéantise et la misère, prendrait le goût du travail, quand un salaire assuré, ou le produit de propriétés acquises, viendraient l'indemniser de ses peines et de ses travaux.

Peut-on contester que Haïti ait la possibilité de vendre aux indigènes et aux spéculateurs étrangers surtout, pendant plusieurs années 4 à 5 millions de ses domaines nationaux, tant dans la partie espagnole que dans la partie française? Quels avantages cette République retirerait cependant d'une si sage mesure! Les terres qu'elle vendrait sont pour la plupart en friche, et ne produisent pas même d'impôts. Et dans un moment où en Europe, les capitaux restent souvent sans emploi, quand des villages se dépeuplent dans nos départemens du Rhin et en Allemagne, pour aller acheter des terres en Amérique et fonder avec leurs familles des établissemens dans l'intérieur des terres, le débouché que pourrait leur offrir Haïti, dans la partie espagnole surtout, où le climat est plus tempéré, ne pourrait manquer d'attirer les hommes industriels et avides d'entreprises, dès qu'ils seraient assurés de la protection du Gouvernement et des lois.

Ces petites colonies d'étrangers, d'Allemands surtout, ne pourraient manquer de prospérer. Nous en avons eu un exemple jadis. Quelques familles allemandes étaient venues s'établir dans la partie du nord, près du môle Saint-Nicolas. Chaque année leur établissement prenait plus d'extension ; mais ils ont été engloutis, comme tant d'autres, par la révolution. Si ce débouché était ouvert à ces émigrans, ils iraient pour y faire, non des établissemens comme ceux qui existaient jadis à Saint-Domingue, mais pour monter de petites cultures comme il s'en trouve dans les colonies espagnoles. Ces entreprises se feraient avec un grand succès dans la partie de Santo-Domingo surtout, et dans la partie de l'est. La culture du tabac, de l'indigo, du coton, l'éducation des bestiaux et des chevaux, qui sont un objet de commerce considérable pour la côte ferme, offriraient à tous ces spéculateurs de grands produits. Les belles plaines de la partie française, toutes les anciennes Cafeyries dans les Mornes, seraient promptement aussi remises en valeur, et produiraient des récoltes qui ne se feraient point attendre.

Les nouveaux Colons pourraient employer dix, vingt ouvriers par établissement. Ces ouvriers feraient des engagemens comme cela se pratique à présent. Ils seraient payés soit à la journée à prix convenu, ou d'après des règlemens, ou mieux encore serait de faire des engagemens d'un an à quinze mois, suivant le temps nécessaire pour produire les récoltes ; et outre le salaire journalier, ils pourraient intéresser ces ouvriers au succès de l'entreprise, et les associer en quelque sorte en leur donnant une petite part dans les produits.

La réduction de l'armée n'aurait plus alors aucun inconvénient pour l'ordre public ; mais le gouvernement ne devrait pas licencier les hommes qui ont servi l'État, sans assurer leur avenir et leur existence. Il pourrait leur concéder, à titre gratuit, des terres dans les quartiers qu'ils choisiraient, mais avec l'obligation de les mettre en culture dans un temps donné. Il pourrait leur accorder aussi la franchise d'impôts pendant un grand nombre d'années ; tout ce qui peut faire naître l'habitude et le goût du travail, profiterait plus à l'État que le faible tribut qu'il pourrait prélever sur les terres.

Le Gouvernement pourrait favoriser d'une manière particulière les associations que les Haïtiens pourraient faire avec des Européens qui apporteraient leurs capitaux, et qui suppléeraient par leur activité et leur expérience à ce qui pourrait manquer sous ce rapport aux nouveaux cultivateurs.

La réduction de l'armée ne devrait se faire que partiellement, et les congés se donner de préférence à ceux qui contracteraient des engagemens ou formeraient des associations pour la culture. Un grand nombre de bras seraient ainsi rendus à l'industrie agricole qui fait la force des Etats ; car elle rend les générations plus robustes au lieu de les énerver, et elle conduit l'homme jusqu'à la fin de sa carrière qu'il termine au milieu de sa famille, au lieu d'aller la finir dans les hôpitaux comme font la plupart des ouvriers de nos fabriques.

En adoptant ces mesures, le goût du travail s'introduirait promptement parmi cette population qui en apprécierait les avantages en comparant la position de ceux qui s'y livrent à celle des hommes qui passent leur vie dans la paresse. Le vagabondage sévèrement puni par les lois n'aurait plus de prétexte, et la civilisation gagnerait beaucoup par les associations et les liens qu'elle ferait contracter. Le Trésor enfin retirerait lui-même de grands avantages de ces encouragemens donnés à l'industrie, les terres voisines des exploitations acquéreraient une grande valeur, les droits de mutation et tout ce que le fisc sait si bien percevoir dans tous les pays, fourniraient à l'Etat de nouvelles ressources; enfin, Haïti payerait ce qu'elle doit sans mettre de nouveaux impôts sur le commerce et sur le peuple; et l'exigence de la France pour lui faire remplir ses engagemens, loin de faire le malheur de cette République, deviendrait la source de sa prospérité.

Les hommes qui spéculent sur la misère du pays pour conserver leur domination à Haïti, opposent aux mesures que j'indique, la crainte de voir la liberté compromise si, par les acquisitions que pourraient faire les blancs, et principalement les Français, ils devenaient assez nombreux pour se rendre maîtres du pays.

Cette crainte n'est pas réelle; elle n'est qu'un prétexte pour maintenir la population noire dans l'état de sujétion, et entretenir cette défiance qui la force à s'abandonner aux hommes de couleur, auxquels ils croyent plus d'instruction et d'expérience. La preuve que cette crainte n'est pas réelle, c'est que le Gouvernement a lui-même annoncé qu'il prendrait cette mesure, car sur les coupons de son emprunt il est rappelé qu'il est hypothéqué sur les domaines nationaux.

Mais la faculté laissée aux blancs d'acquérir des terres et de créer des établissemens industriels ou agricoles, pourrait se régler par des mesures d'administration publique, de manière à prévenir de leur part une tentative aussi insensée.

Les blancs ne seraient d'ailleurs jamais en assez grand nombre, comparativement aux indigènes, pour devenir un sujet d'inquiétude, la population Haïtienne s'augmenterait promptement et toujours dans une progression plus forte que les hommes de race blanche : car un grand nombre de noirs libres et d'hommes de couleur des Etats-Unis viendraient s'établir à Haïti, s'ils y trouvaient les avantages de la civilisation et la protection qu'assurent de bonnes lois.

Déjà, beaucoup avaient formé le projet de quitter les Etats-Unis pour adopter cette nouvelle patrie; mais, repoussés par l'aspect hideux qu'offre à présent le séjour des villes, rebutés par le mauvais accueil et la jalousie des hommes en place, et surtout par les entraves qu'ils ont rencontrées de la part du Gouvernement, au lieu de la protection sur laquelle ils comptaient, ils ont préféré l'état d'humiliation dans lequel on les tient aux Etats-Unis, à l'état de désordre que tolère le Gouvernement et la législation de la République d'Haïti.

Les autres étrangers de race blanche arriveraient probablement dans une proportion égale entre eux, de sorte que le pays ne serait pas plus anglais que français, allemand qu'américain, et chaque nation aurait autant que les Haïtiens eux-mêmes, un grand intérêt à empêcher que l'une d'elle ne dominât sur l'autre. Cette jalousie des hommes des différentes nations serait une garantie de plus qui devrait calmer l'humeur inquiète ou feinte du

Gouvernement d'Haïti : car leur rivalité deviendrait, en quelque sorte, la sauve-garde de l'indépendance et de la liberté.

Mais les idées généreuses sont loin de la pensée du Gouvernement déjà caduc d'Haïti. Si ce Gouvernement eût été animé par l'honneur national et l'amour de la patrie, s'il avait eu la volonté de remplir ses engagemens, il aurait saisi avec empressement ce prétexte pour introduire, de l'aveu même de la population, toutes les réformes et toutes les améliorations vers lesquelles tout bon Gouvernement doit tendre. Et Toussaint Louverture lui avait laissé à cet égard des traditions utiles. Mais la jalousie mal déguisée des hommes de couleur contre les blancs, est de tous les obstacles le plus grand aux améliorations qu'un Gouvernement autrement composé pouvait introduire; et sans aller chercher d'autres raisons, c'est cette circonstance qui peut détruire tout l'avenir de ce pays.

Si les hommes de couleur repoussent les blancs par un sentiment de jalousie qui est invincible chez eux, ils ne se rapprochent des noirs qu'autant que l'intérêt politique le leur commande. Mais du reste, point de fraternité, et jamais, ou bien rarement d'alliance entre les deux couleurs. Si les noirs sont admis dans le Gouvernement ou dans les hauts emplois de l'armée, ce n'est qu'en petite minorité. Les hommes de couleur ne forment pas la trentième partie de la population, et ils sont en majorité partout dans les places.

L'on comprend qu'avec de telles dispositions, plusieurs des membres du Gouvernement actuel d'Haïti doivent craindre que l'aisance ne s'introduise dans la classe du peuple et dans la classe un peu plus élevée, car chacun acquérerait alors de l'indépendance : les hommes qui dominent et qui regardent les principaux emplois comme le patrimoine d'une couleur, perdraient de leur influence, et cette aristocratie nouvelle disparaîtrait.

Malgré cette haine de la race noire et de la race jaune entre elles, les hommes de couleur ont réussi à tenir la population dans une continuelle incertitude sur son avenir. De temps à autre, depuis quinze ans, aux époques même où le Gouvernement français prouvait par ses démarches combien il était loin de songer à la moindre attaque contre Haïti, le Gouvernement de cette République faisait publier que des armemens se préparaient dans les ports de France pour venir ravir à Haïti son indépendance et aux noirs leur liberté. Et afin de rendre la nouvelle de ces armemens plus vraisemblable, on indiquait par leurs noms, les vaisseaux et les officiers qui faisaient partie de cette escadre. C'est de cette manière qu'ont été entretenues chez les noirs la défiance et la haine contre les Français. Les hommes de couleur en faisant oublier leur origine, conservaient ainsi leur suprématie et se faisaient considérer comme les hommes nécessaires dans ces momens de dangers.

Avec un Gouvernement moins égoïste et moins machiavélique, on aurait vu croître depuis vingt-cinq ans, au milieu de cet archipel des Antilles, un état nouveau fondé sur des bases d'autant plus solides qu'il n'aurait jamais eu de dépenses à faire pour sa défense : car toutes les nations auraient été intéressées à le mettre en dehors de toutes les questions politiques, à en faire un point neutre dans toutes les guerres, sous la protection de toutes les puissances. C'est alors que Haïti aurait vu son indépendance et sa liberté à l'abri de toute atteinte ; car en temps de guerre comme en temps de paix, cette République aurait eu pour défenseurs et pour alliés tous les Gouvernemens et tous les peuples.

Voilà les idées qui dominaient les hommes qui, pendant dix ans, en France, pressaient auprès du Gouvernement du Roi, la déclaration et la reconnaissance de l'indépendance d'Haïti. J'ai partagé, je l'avoue, cette opinion. J'ai été à même, dans diverses circonstances, de la développer et de la faire valoir dans les conseils; mais j'étais loin de penser, j'en conviens, que cette indépendance aurait pour résultat d'attirer dans ce pays une plus grande misère, et de plonger ce peuple, qui a des qualités qu'on ne peut méconnaître, et dont un Gouvernement plus franc aurait tiré parti, de le plonger, dis-je, dans un nouvel asservissement.

Je ne m'étendrai pas davantage sur les moyens que Haïti pourrait employer pour remplir ses obligations, si elle en avait la volonté; j'en ai dit assez pour démontrer que les ressources ne lui manquent pas pour payer non-seulement ce qu'elle doit à la France, mais ce qu'elle doit à son emprunt.

Faut-il donc que la France se laisse faire la loi; et que sans aucune nécessité elle fasse encore des concessions nouvelles.

Quel sacrifice en dernière analyse Haïti a-t-elle fait pour obtenir la renonciation de la France à la souveraineté, et tous les avantages qui lui ont été concédés? Non-seulement elle n'en a fait aucun, mais elle a eu l'astuce de se faire payer en quelque sorte pour recevoir nos bienfaits.

Elle a réussi d'abord à faire consacrer par une convention diplomatique, la spoliation des Colons, et à faire oublier sa possession violente.

Elle a emprunté en France 24 millions, dont elle ne paie pas même les intérêts aux prêteurs; et par cet emprunt elle s'est libérée d'autant envers la France.

Elle a fait payer à son acquit, par ses banquiers à Paris, 5 millions environ, pour le service de l'emprunt, et elle ne rembourse depuis six ans ni ce capital ni les intérêts; et, chose bien plus étrange, c'est le Trésor de France qui a remboursé cette somme aux banquiers, en 1830; et la Chambre des députés vient d'approuver ce paiement.

De sorte qu'en définitive, au lieu de faire un sacrifice, Haïti est devenue propriétaire incommutable des biens des Colons, qui lui ont été abandonnés par la France; et elle a reçu ou fait payer pour elle, 28 millions 848 mille francs dont elle ne paie pas même les intérêts. Il faut convenir que tous ces engagemens et tous ces traités sont pour la France de véritables mystifications.

C'est cependant pour un tel Gouvernement que nous avons entendu dernièrement d'habiles orateurs déployer leurs talens, et accuser avec une acrimonie inconcevable les malheureux Colons qui se trouvent victimes de tant d'injustices et de tant de perfidie.

Haïti, tout le monde en convient, était dans l'impossibilité de payer, sans le secours des emprunts, 30 millions par an, pendant cinq ans. La faute faite en 1825 a été, non pas d'exiger 150 millions pour les biens des Colons qu'on abandonnait à la République, mais de les exiger dans les termes qui ont été fixés.

J'avais été chargé, en 1824, de suivre cette négociation, je me suis toujours opposé à cette demande de paiement en cinq ans, parce qu'il me paraissait impossible, que la République, avec ses seules ressources, puisse faire face à cet engagement : mais si comme je le croyais, et comme cela avait été à peu près convenu à une autre époque, on avait réduit cette indemnité en une rente remboursable par un amortissement, cette mesure aurait été en rapport avec les ressources d'Haïti, qui aurait été probablement alors fidèle à ses engagemens; et la France en garantissant aux Colons la somme stipulée dans le traité, pour l'abandon de leurs biens, aurait payé sans bourse délier, car elle se remboursait par avance sur ce que payait Haïti.

Mais à cette époque, il y avait, en Europe, la manie des emprunts, et M. de Villèle, déterminé peut-être par des motifs étrangers à la question actuelle, vint offrir aux spéculateurs la chance d'un emprunt pour Haïti.

Le premier emprunt de 30 millions s'est fait de la manière la plus onéreuse pour la République, et la plus désastreuse, non pour les contractans de cet emprunt qui ont vendu tous leurs coupons, mais pour les malheureux rentiers qui sont venus apporter dans les maisons qui faisaient l'emprunt, le fruit des économies de toute leur vie, et qui sont victimes de leur confiance.

Bientôt après, dès 1826, Haïti se trouva dans l'impossibilité de payer le second cinquième des 30 millions. Alors ce gouvernement a demandé un atermoiement, tout en déclarant toujours, jusqu'en 1828, qu'il ne demandait aucune réduction sur sa dette, qu'il ne demandait que du temps pour s'acquitter.

Cette demande, juste en elle-même, fut accueillie par le Gouvernement du roi; et c'est M. Laffitte, fondé de pouvoir et banquier de la République, qui fit en 1828 les propositions au nom de ce Gouvernement, et qui indiqua les bases et le mode du nouvel arrangement.

Haïti, comme on l'a vu, était alors en retard de payer

son emprunt, comme l'indemnité. Les contractans de l'emprunt avaient même été dans la nécessité de faire des avances pour le paiement des intérêts. Le banquier de la République était donc bien informé de la gêne du débiteur, il a dû nécessairement s'informer aussi des moyens qu'il pourrait avoir pour remplir le nouvel engagement, car une somme de 35 millions dont la Compagnie était à découvert par l'emprunt, tant pour elle que pour ses commettans, devait provoquer sa sollicitude. Ainsi l'on doit croire, que quand M. Laffitte est venu faire des propositions à la France, il ne les fit pas légèrement, et sans avoir reconnu la solvabilité du débiteur pour les engagemens qu'il allait contracter pour lui. La confiance du Gouvernement français dans sa parole devait être entière, aussi fut-il admis tout de suite à entrer en négociation.

Il proposa au mois de janvier, comme on l'a vu, d'admettre Haïti à se libérer de l'indemnité, des avances et de l'emprunt, au moyen d'annuités, de 6 millions 500 mille francs chacune, qui seraient remises au Trésor de France, et au moyen de cet arrangement la France aurait remboursé l'emprunt comme l'indemnité.

Ainsi, M. Laffitte, à moins qu'il ne reconnaisse qu'il a été dans cette affaire, l'homme le plus léger, s'était assuré que Haïti pouvait facilement disposer, chaque année, de 6 millions 500 mille francs pour le paiement de ses dettes. Et M. Laffitte devait bien être sûr que la République pouvait payer la somme offerte, puisqu'il a insisté depuis le mois de janvier 1828, jusqu'au mois de septembre, pour faire accepter l'arrangement par la France, et il remit même un plan de finances pour en faciliter l'exécution.

Mais le Gouvernement d'alors, reconnaissant qu'il pouvait compromettre les intérêts de la France, en la chargeant d'une affaire qui lui était étrangère, ne prit en conséquence que 4 millions 800 mille francs sur les 6 millions 500 mille francs offerts, et le traité fut accepté sur cette base par Haïti; mais depuis la révolution de juillet, la République trouve que cela est au-dessus de ses forces, et M. Laffitte, qui pourtant avait engagé le Gouvernement français à traiter et à se charger de l'emprunt, en recevant les 6 millions 500 mille francs qu'offrait Haïti, trouve aussi à présent, qu'on avait beaucoup trop demandé en prenant 4 millions 800 mille francs; et il nous dit que Haïti peut à peine payer un million.

Après la révolution de juillet, M. Laffitte devient Président du Conseil et Ministre des finances; et sous sa présidence, s'entame à Paris, avec un Haïtien qui s'y trouvait depuis le mois de juin, et qui était venu pour toute autre chose, s'entame, dis-je, une nouvelle négociation qui s'est terminée par le traité du 2 avril 1831. C'est sur ce traité, comme on l'a vu, que se fondaient toutes les espérances pour *le très prompt* remboursement des cinq millions payés par le Trésor. Dans ce traité il était stipulé que Haïti paierait 4 millions par an, sans intérêts, pour solder l'avance, l'emprunt et l'indemnité. Un privilége était donné au Trésor et à l'emprunt.

Ce traité, si favorable à Haïti, lui fut envoyé revêtu de toutes les formalités, et revêtu même de la ratification du roi. Le Président loin de l'accepter avec reconnaissance, rejette ce traité avec insulte, désavoue celui qui l'avait négocié, dit que 4 millions sont aussi au-dessus des forces d'Haïti, et propose 45 millions payables en 45 ans, sans intérêts.

M. Laffitte, sous les auspices duquel ce traité a été entamé et conclu, et tellement conclu sous ses auspices qu'il a dit dans la séance du 12 février, en justifiant le remboursement fait par le Trésor : « *Nous avions la certi-* » *tude qu'au moment où viendrait l'échéance des enga-* » *gemens du Trésor, le traité que nous avions signé avec* » *Haïti recevrait son exécution, et la première condition* » *était le remboursement immédiat de 4 millions* 800 » *mille francs.* » Et cependant M. Laffitte qui a favorisé Haïti pour conclure ce nouvel engagement qui réduit la somme annuelle, pour les trois dettes, à 4 millions, sans intérêts, *et qui avait la certitude qu'au moment où viendrait l'échéance des engagemens du Trésor, le traité conclu avec Haïti recevrait son exécution,* trouve aujourd'hui et soutient comme Haïti, que la somme de 4 millions est encore trop forte pour les moyens de ce Gouvernement.

Ainsi, l'on voit que depuis 1828, le système adopté par Haïti s'est parfaitement soutenu. C'est toujours M. Laffitte qui propose au gouvernement la base des arrangemens. C'est lui qui indique les sommes que Haïti pourrait payer, et quand les concessions sont obtenues, elles ne sont que des points de départ pour en obtenir de plus fortes, et les traités conclus restent sans exécution.

M. Laffitte, dans toute cette affaire, agit en homme dévoué à Haïti, dont il est le créancier et le banquier. Il fait très bien les affaires de cette République, il faut le reconnaître, mais très mal les affaires de la France et des Colons ; et l'état dans lequel on lui a représenté Haïti, et qu'il nous transmet, est pour lui, comme pour nous, une nouvelle mystification.

Il faut cependant voir les choses telles qu'elles sont, la position d'Haïti est loin de ce qu'elle devait être avec un gouvernement plus franc ; mais c'est s'abuser étrangement, que de la croire aussi désespérée qu'on la représente par fois, quand on a besoin d'invoquer la misère de ce gouvernement, pour arracher de nouvelles réductions sur sa dette, et je vais ajouter quelques réflexions à celles que j'ai déjà faites sur la tactique et la politique de ce Gouvernement.

J'observerai d'abord, que toute la question, pour la France, se réduit à savoir si Haïti peut, ou non, payer à la France, une rente de 3 millions 600 mille francs, et 1 million 200 mille francs d'amortissement, comme cela avait été stipulé dans le traité du mois d'avril 1829. Or, il me semble que d'après les ressources que j'ai indiquées, et d'après ce que le gouvernement d'Haïti et ses délégués ont reconnu plusieurs fois eux-mêmes, cette question n'est pas douteuse; Haïti a des ressources plus que suffisantes pour remplir ses engagemens. Et dans la séance du 12 février dernier, M. le Ministre des finances, qui n'a pas l'habitude de se laisser aller aux illusions et qui voit froidement les choses, a fait observer et a dit à la Chambre : « Le reproche que l'honorable rapporteur de la Commission fait au Gouvernement, d'avoir exagéré les sacrifices imposés et consentis par Haïti, ne nous parait pas fondé.

» A l'époque de la négociation, Haïti percevait d'une part, 5 à 6 millions de droit d'importation, et d'une autre part la République devait recueillir par le désarmement d'une partie de sa population, une économie annuelle de 4 à 5 millions. »

Si on ajoutait à ce qu'a dit M. le Ministre des finances, qu'à une certaine époque, les Douanes ont produit plus de 10 millions, si on ajoutait aux revenus ordinaires de cette République le produit des ventes d'une partie de ses Domaines Nationaux qui auraient dû s'effectuer, et qui avaient été commencées, on verrait que Haïti se joue et se moque de la France, quand elle oppose le défaut de ressources, aux demandes qu'on lui fait de remplir ses engagemens.

Mais comment M. Laffitte peut-il se montrer toujours le champion d'Haïti? Ses commettans et tous ceux à qui sa compagnie a vendu l'emprunt, ne sont-ils pas les victimes de la perfidie et de la mauvaise foi de ce Gouvernement : car en supposant que ses discussions avec la France fussent un motif pour retarder le paiement de l'indemnité, ne devait-il pas au moins remplir envers l'emprunt, qu'il appelle une dette d'honneur, les obligations qu'il a contractées? Haïti *peut et veut payer cette dette d'honneur,* dit M. Laffitte, et cependant M. Laffitte sait mieux que personne que depuis cinq ans, Haïti ne paie rien du tout. Si c'est impuissance de sa part, elle ne paiera pas plus cette dette après le traité que propose M. Laffitte, qu'elle ne la payait auparavant. Si c'est calcul de sa part, pour engager le Gouvernement français à réduire la dette de l'indemnité, c'est une mauvaise foi insigne, car l'emprunt était une question étrangère à la France, et toute en dehors de ses contestations avec la République. Et le refus qu'elle a toujours fait de payer non-seulement les intérêts de l'emprunt, mais même les avances faites par les banquiers qu'elle croyait bien ses créanciers, car elle ignorait la garantie donnée par le Gouvernement français, *on lui en avait fait soigneusement un mystère,* a dit M. Laffitte à la Chambre; ce refus, dis-je, ne doit-il pas faire supposer que si le nouveau traité proposé encore par M. Laffitte, venait à se conclure, Haïti ne paierait pas plus son emprunt qu'auparavant. L'impuissance du gouvernement d'Haïti n'est donc pas le véritable motif du retard où elle est depuis six ans de remplir ses engagemens.

Comment d'ailleurs pourrait-on persuader à des hommes qui ont l'habitude de l'administration et des affaires, que la belle île de Saint-Domingue, dont le sol est si productif, ne peut pas payer une rente de 3 millions 600 mille fr. : et un million 200 mille fr. d'amortissement.

La partie espagnole seule, qui fait aujourd'hui partie intégrante de cette République, et qui n'a pas été dévastée à beaucoup près comme la partie française, pourrait fournir à toutes ces charges.

Comment pourrait-on persuader aux hommes qui veulent approfondir la question, que l'île de St-Domingue, la plus considérable des Antilles après Cuba, qui, par sa position dans le golfe du Mexique, peut servir d'entrepôt au commerce des deux mondes, qu'une île qui offre les ports, les rades les plus vastes et les plus sûrs au commerce et aux escadres, qui a dans la partie espagnole surtout des bois de construction les plus magnifiques et les meilleurs pour la marine, et les emplacemens les plus favorables pour des chantiers, même pour la construction des vaisseaux de guerre, dont enfin le sol est tellement productif que quinze jours de travail peuvent assurer à un homme sa subsistance pour une année ; qu'un pays qui offre tant de ressources et de moyens de fortune aux entreprises, soit un pays sans avenir et ne peut qu'à peine payer un million.

Je dirai enfin que si, comme l'affirme M. Laffitte, Haïti, malgré tous les avantages dont je n'ai fait connaître qu'une partie, ne peut remplir l'engagement contracté dans le traité de 1829, il ne faudrait pas s'en occuper davantage, il vaudrait mieux mille fois l'abandonner et attendre sans rien faire. En vain viendrait-on, comme l'a fait aussi M. Laffitte, parler de l'intérêt politique et commercial, ils disparaissent devant une telle misère. De quel intérêt serait en effet cette île pour notre commerce, si ses ressources lui permettent à peine de payer un million? Si, comme l'a dit un autre Député, elle ne produit que des *denrées avariées*? De quel intérêt serait pour notre politique un pays dont l'incurie du Gouvernement rendrait nuls tous les avantages que la plus belle position et le sol le plus fertile pourraient produire?

Comment, si cet état est dans un dénuement tel que le dépeint M. Laffitte, ce Député a-t-il pu dire à la Chambre, quand il lui a fait la demande d'approuver le paiement fait par le Trésor des cinq millions: « Il s'agit » donc, Messieurs, non pas de perdre, mais de rester » momentanément en avance d'une somme d'environ » cinq millions, pour *obtenir une alliance utile* pour ouvrir un débouché à notre commerce, et pour sauver » le plus possible d'une somme de 120 millions pour les » Colons qui ont déjà reçu 30 millions. »

Telles sont cependant les paroles qu'a fait entendre dans le sein de l'Assemblée des représentans de la nation, un ancien Ministre de cette révolution qui devait placer si haut cette belle France qui, il y a peu d'années, commandait à l'Europe, et qui naguères encore pour venger une insulte, a fait avec tant de gloire la plus belle expédition des temps modernes. C'est à la France de 1833 qu'on vient proposer de payer cinq millions pour obtenir l'alliance d'une peuplade qu'une frégate anglaise fait trembler! Quel moment choisit-on pour tenir un pareil langage? celui où Haïti nous envoye audacieusement un *ultimatum* en échange d'un traité qu'elle refuse, et qui était signé et ratifié par le Roi des Français. Et pour que rien ne manque à l'humiliation, celui qui fait une si honteuse proposition nous représente ce pays comme le plus ruiné et le plus pauvre de l'univers. Le Gouvernement d'Haïti devra s'applaudir de son audace envers la France, quand il saura qu'en réponse aux insultes qu'il lui prodigue depuis deux ans, on propose à la première puissance du continent européen d'acheter son alliance, et que cette puissance consent même à la payer.

Je vais indiquer à présent comment l'on pourrait terminer cette importante affaire, et comment, sans qu'il en coûte réellement rien à la France, justice pourrait être rendue aux Colons.

J'ai déjà fait remarquer que ce qui causait tous nos embarras actuels, pour la conclusion de cette affaire, c'était l'adjonction de la question de l'emprunt à la question de l'indemnité. Il faut donc commencer par se replacer comme on était avant le traité du mois d'avril 1831, qui a opéré cette confusion.

La négociation doit porter uniquement sur le paiement de l'indemnité. C'est la seule affaire qui concerne la France. Tous les ministères, sous le dernier gouvernement, l'avaient reconnu; et M. le ministre des affaires étrangères, et tous les orateurs qui se sont fait entendre dans la séance du 29 décembre dernier, ont admis également ce principe.

Quant à l'emprunt, ce n'est qu'une affaire secondaire pour la France. Le Gouvernement doit s'en occuper sans doute, mais seulement par suite de la protection qu'il doit à tous les Français; mais non pas comme d'une affaire qui intéresse directement l'État. C'est ainsi que M. Laffitte lui-même, qui est le principal organe des intéressés dans l'emprunt, l'a reconnu dans la séance du 11 février dernier; ainsi il ne peut plus y avoir de doute sur cette question.

Le traité à conclure avec Haïti par la France, se simplifie beaucoup en suivant cette marche; la question se réduit à savoir ce que l'on peut demander à cette République pour s'acquitter des 120 millions 700 mille francs encore dus pour l'indemnité.

Je dois faire observer qu'il n'y a pas de négociation à ouvrir pour savoir quelle sera la quotité de la somme capitale à payer; la chose est convenue depuis 1825, il n'y a plus qu'à s'entendre, comme Haïti le demandait en 1828, sur les délais nouveaux à fixer pour le remboursement; et cette négociation étant toute de concession de la part de la France, elle ne peut, ainsi que cela avait été reconnu sous le dernier gouvernement, porter que sur ce point.

Quant à la question de savoir comment la République sera admise à s'acquitter envers la France, l'on a vu que cette question a déjà été solennellement discutée en 1828, et par une commission composée d'hommes distingués par leurs lumières et pris dans les deux Chambres, et par un ministère composé d'hommes remarquables par leur prudence et leur habileté, tels que MM. de la Ferronnais, Roy, Portalis, Hyde de Neuville, de Martignac et de Caux. De tels hommes n'agissaient pas légèrement, et ce n'est qu'après avoir entendu le banquier et l'envoyé de la République, qu'ils ont reconnu qu'en admettant Haïti à se libérer au moyen d'annuités de 3 millions 600 mille francs, représentant l'intérêt du capital de

120 millions, à 3 p. o/o, et un million 200 mille francs d'amortissement, cette République pouvait payer cette somme à la France sans nuire à ses autres engagemens.

Le Gouvernement d'Haïti a reconnu enfin lui-même que ce traité n'avait rien d'exagéré; qu'il rentrait d'ailleurs dans la proposition qu'il avait faite de payer 6 millions 500 mille francs pour s'acquitter des deux dettes, et tous les membres de ce Gouvernement qui ont concouru par leur signature mise au bas du traité fait sur cette base, ont reconnu par conséquent, comme le Président qui avait ratifié ce traité, la possibilité de l'exécuter.

La marche à suivre pour terminer, est donc déjà toute tracée par les parties contractantes elles-mêmes; et en s'en tenant à la base qu'elles avaient acceptée, l'affaire de finances avec Haïti se trouverait terminée. L'exécution de ce nouveau contrat ne serait plus incertaine, et Haïti une fois fixée sur son avenir, par le terme de ses discussions avec la France, pourrait se livrer aux améliorations dont ce pays est susceptible.

Quant à l'emprunt, la France qui ne doit pas le traiter comme une affaire de l'Etat, doit intervenir pour appuyer de sa protection et de son influence les justes réclamations des Français créanciers de la République; mais cette affaire ne peut être l'objet d'un traité entre la France et Haïti, car la France ne peut, sans se rendre responsable, changer ou modifier les conditions d'un contrat privé. Cette affaire ne doit se traiter, comme toutes les affaires de ce genre, par des notes diplomatiques dans lesquelles on indiquerait à Haïti qu'elle peut commencer d'abord par employer son épargne à acquitter les avances et l'arriéré de l'emprunt, et ensuite employer pour s'acquitter de cette dette, ce qu'il lui restera de disponible sur ses revenus ordinaires, et les biens nationaux dont la vente a été décrétée par le Sénat, et qui sont hypothéqués et affectés à l'acquit de cet engagement.

De cette manière, cette affaire de l'emprunt aurait aussi une prompte solution, et tous les intérêts seraient défendus et satisfaits.

Resterait enfin l'affaire des Colons. J'ai démontré le droit qu'ils avaient de réclamer de l'État, l'exécution et la garantie du premier contrat qu'ils ont accepté, et qui leur promettait le remboursement, en cinq ans, de l'indemnité convenue pour les biens dont la France a fait l'abandon à la République. Cette garantie est de droit; elle est écrite aussi dans la Charte et dans les lois, et sans violer l'une et l'autre, et sans commettre l'abus du pouvoir le plus exorbitant et le plus dangereux pour l'exemple que fournirait un tel antécédent, le gouvernement ne peut se refuser à cette juste demande.

Cette question de la garantie a été discutée aussi plusieurs fois, comme toutes celles qui touchent à l'affaire d'Haïti. Elle l'a été par des hommes dont la France respecte l'opinion et admire le talent, et surtout par un des pairs dont la voix s'est toujours fait entendre, à toutes les époques, dans l'intérêt de la justice et du malheur. Voici ce qu'on trouve dans le procès-verbal de la Chambre des pairs; du 13 mars 1828, à l'occasion d'une pétition des Colons de Saint-Domingue. (*Opinion de M. Lainé*):

« Le noble Pair ne saurait se résoudre à examiner s'il » y a, au nom de l'État, un engagement formel; ce se» rait rouvrir des discussions épineuses sur de graves » questions, que, fort heureusement, la loi n'a pas eu

» besoin de résoudre. Mais on ne lui disputera pas que » par l'effet de tous les actes analysés dans le rapport du » comité, et par les conséquences de la loi du 30 avril » 1826, il s'est formé un quasi-contrat entre une grande » infortune et la couronne; entre toute la France et la » portion la plus malheureuse des sujets français. Quel » serait le résultat de tant d'espérances données, si les » Colons ne recevraient que le cinquième de l'indemnité, » déjà réduite au dixième de la perte? Au bruit des » promesses faites, les Colons épars sur le globe, ou leurs » enfans, ont remercié la générosité étrangère pour re- » venir en France recevoir quelques débris. Tous ont ex- » ploré leurs titres de famille, et la discorde sur leurs » droits s'est mêlée à leurs espérances; une foule de créan- » ciers ont été évoqués, et mille procès font passer en » d'autres mains et au Trésor, une part de l'indemnité. » L'aspect de si tristes conséquences, sur lesquelles on » doit se garder de s'appesantir, ferait donner au quasi- » contrat, par nécessité, toute la puissance d'un engage- » ment formel.

» Placé entre les contribuables, qui dans plusieurs dé- » partemens sont en souffrance, et les Colons bien plus » mlaheureux, j'éprouve, dit le noble Pair, une grande » anxiété; mais la générosité, la justice de la couronne et » de la France le portent à espérer qu'on ne se refusera » pas à souscrire à une éventualité de sacrifices. »

Quand je lis l'opinion de cet homme d'État, dont le nom et les vertus inspirent tant de vénération, je me rassure sur l'avenir des Colons, car ils ont évidemment pour eux la justice.

Je conçois qu'au premier abord, chacun soit effrayé d'un engagement qui semblerait devoir faire peser une charge nouvelle sur les contribuables. Mais si l'on songe que l'abandon des biens des Colons a évité à la France les dépenses d'armemens qui se seraient prolongées indéfiniment, si le Gouvernement n'avait usé du droit d'exproprier ces anciens Colons, pour finir à l'amiable une affaire dont la conclusion devait satisfaire sa politique et sa dignité, on reconnaîtra que cette charge, si les contribuables devaient la supporter, serait une obligation qu'imposent les lois; car nul ne peut être contraint à sacrifier sa fortune et à faire l'abandon de son bien, pour éviter à l'État une dépense qu'il est obligé de faire.

Mais si l'on vient à calculer ce que serait en définitive cette charge dont on s'effraye tant, on reconnaîtra aussi qu'elle ne serait en quelque sorte qu'illusoire, car l'obligation de la France consisterait, dans le fait, à remettre d'une main ce qu'elle recevrait de l'autre; à créer une rente de 3 millions 600 mille francs, sur laquelle elle paie déjà 1 million à titre de secours; et elle recevrait, en compensation, et pour faire face à cette dépense, des annuités de 4 millions 800 mille francs, qui la mettraient à même de servir la rente due aux Colons expropriés, et à amortir le capital. Elle pourrait se faire payer d'avance cette annuité qui lui servirait à se couvrir de la rente qu'elle aurait créée, et elle n'aurait rien à demander aux contribuables, car les deux rentes se balanceraient et se porteraient annuellement dans le budget des recettes et des dépenses.

Voilà pourtant à quoi se réduit toute cette affaire qui effraye le fisc à un tel point, qu'il n'hésite pas à proposer de violer la Charte et les lois qui garantissent l'inviolabilité des propriétés, plutôt que de se soumettre à remplir une obligation que l'équité et les lois lui imposent.

La seule objection à faire à présent, à cet arrangement, et qui ne détruirait cependant pas le droit que les Colons ont de demander leur indemnité à la France, serait l'impuissance où serait Haïti, comme le dit M. Laffitte, de payer l'annuité de 4 millions 800 mille francs.

Dans ce cas, je résumerai toute l'affaire de la France avec la République, à ceci :

Haïti peut-elle, ou ne peut-elle pas payer les annuités convenues dans le traité de 1829?

Si elle peut payer ces annuités, comme la chose est certaine, et comme elle se démontre d'elle-même, toute objection disparaît, il faut exiger que cette condition s'exécute.

Si elle ne peut pas payer cette faible somme à cause de l'insuffisance de ses ressources, à quoi bon traiter de puissance à puissance avec un pays qui n'aurait ni ressources, ni espérances, ni avenir. La politique et l'intérêt bien entendu de la France commanderaient alors d'abandonner toute négociation, et de conserver sa position. Elles commanderaient surtout d'éviter de se lier davantage par des traités nouveaux ; elles commanderaient de déclarer à Haïti que les négociations vont cesser, que la France entend conserver tous ses droits et qu'elle saura les faire valoir en temps et lieux, si bon lui semble. L'incertitude dans laquelle une pareille déclaration plongerait Haïti sur son avenir, lui ferait bientôt trouver les ressources dont elle ne veut pas faire usage, et la France, après les insultes qu'elle reçoit depuis deux ans, ne subirait pas du moins la honte de nouvelles concessions que Haïti se vante déjà d'obtenir.

Si la France arrivait à faire à Haïti une telle déclaration, ses défenseurs ne manqueraient pas de faire sonner bien haut les dommages qui résulteraient pour notre commerce, de l'interruption de nos relations; je vais donc faire connaître ce que c'est que notre commerce aujourd'hui avec cette République.

Il n'y a plus qu'une seule maison française dans toute la République; elle est établie au Port-au-Prince, et c'est plutôt une maison de consignation qu'une maison de commerce.

La part du commerce français dans le commerce général d'Haïti, ne monte pas, pour les marchandises exportées en France, à 1200 mille francs.

Tout le commerce se fait par les Anglais, les Américains, les Hambourgeois, les Brémois, et tous nos ménagemens envers Haïti, tournent à l'avantage de ces étrangers, et jamais à l'avantage de la France.

Le nombre des navires partant de nos ports n'excède pas 70, portant ensemble 11 à 12 mille tonneaux, 800 marins Français au plus sont employés à cette navigation.

Depuis plusieurs années, les navires partent de nos ports sans chargemens, ou avec des chargemens insignifians et de peu de valeur, tels que des briques, et autres matériaux qui servent de lest, et quelques comestibles. Ils font le métier de transports et se rendent à Haïti pour y prendre du fret pour le commerce étranger.

Il est dû par le commerce d'Haïti, au commerce Anglais, Américain et Allemand, plus de 12 millions de francs, et 200 mille francs seulement, par petites sommes, au commerce Français.

Le nombre de Français établis dans l'Ile, n'excède pas 150, parmi lesquels la moitié, à peu près, s'est expatriée pour diverses causes, et ne pourrait rentrer en France sans danger. Le reste se compose de commis marchands, de quelques médecins, quelques instituteurs et des pacotilleurs.

Tel est pourtant l'état de nos relations commerciales avec cette République, l'on voit qu'elles sont loin d'avoir l'importance que les amis de ce Gouvernement y mettent quand ils réclament de la France de nouvelles concessions et quand ils l'engagent à subir de nouvelles humiliations

Voilà la vérité sur l'affaire d'Haïti, qui chaque année occupe la Chambre, sans que jusqu'ici personne ait songé à lui faire connaître le véritable état des choses.

Des Colons viennent de s'adresser, m'assure-t-on, encore à la Chambre des députés, pour réclamer de nouveau son appui, ou une marque d'intérêt auprès du Gouvernement. Ils ne sont pas rebutés par l'échec qu'ils ont éprouvé récemment, cela prouve la confiance qu'ils ont dans la justice et l'impartialité de la Chambre. Je désire que ces renseignemens puissent leur fournir quelques moyens nouveaux à l'appui de leurs droits, je regrette de n'avoir pas eu le talent d'abréger ce récit, car je sais combien il est difficile aujourd'hui de se faire lire, quand l'esprit de parti ne vient pas se mêler aux discussions. Cependant, une affaire qui touche de si près au sort de 15 mille familles françaises, et dont les réclamations s'appuyent sur des lois qu'il importe à tous les Français de défendre, ne devrait être indifférente pour personne.

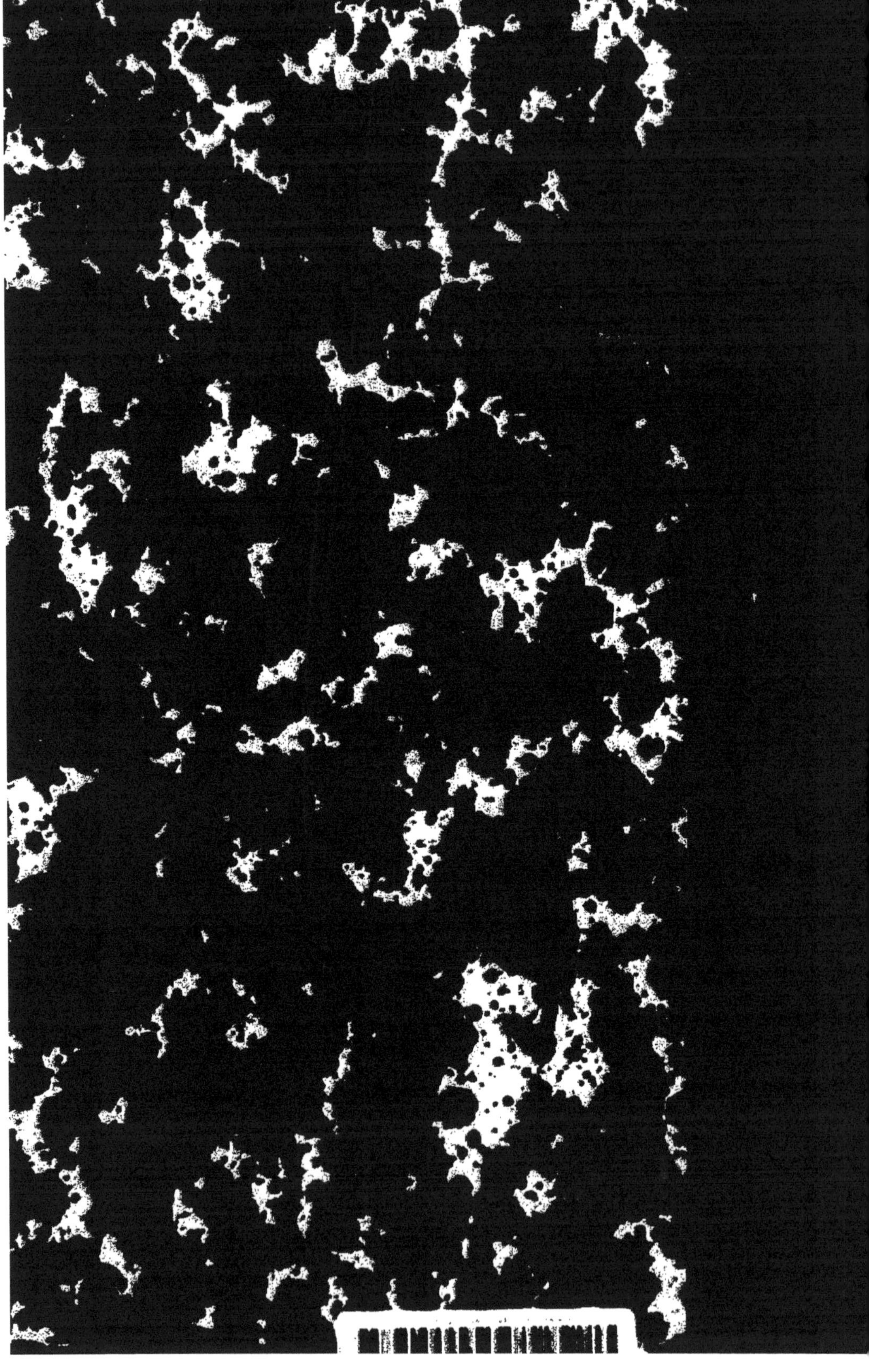

www.ingramcontent.com/pod-product-compliance
Ingram Content Group UK Ltd.
Pitfield, Milton Keynes, MK11 3LW, UK
UKHW012044240726
13965UKWH00003B/1021